良い経営者
できる管理職
育つ社員

ベンチャースピリットで
「心の見える企業」をめざす

加藤茂夫 [著]
行本明説

東京 白桃書房 神田

はじめに

　この本はひょんなことから誕生しました。
　仕事の科学研究会を運営している行本明説氏とのお付き合いは、二十数年前、ある業界の仕事でご一緒させてもらってからです。その後、NPO法人日本タイムマネジメント普及協会の立ち上げに関係し、現在に至ります。
　一方、私の主宰するゼミは2011年で35周年を迎えます。そこで、何か記念になるもので極めて有用なものはないかと模索していた矢先に行本氏と再会。その会談中に「一緒に本を発刊したいね」「同じ北海道出身。是非やろう！」ということで誕生したのがこの本です。
　皆さんには「自分たちの思い出づくりか？」と思われるかもしれませんね。しかし、この本は長年の研鑽を積んできた、それぞれのエキスがちりばめられた内容になっていると自負しています。

　本書の特徴は、組織で仕事を遂行するときに出くわす多くの課題や問題点を階層（経営者、管理職、一般社員）ごとにえぐり出し、それを解決するための方向性を示していることです。
　また、これらの課題や問題点の本質を理解するために、経営学・組織論で語られている理論についても解説を加えました。
　この本を読むことにより、何か光明が見えるはずです。また、そうなることを願っています。

　私たちの願いは、「夢のもてる会社」「つらいけれど楽しい会社」「自己成長が確認できる会社」「社会と共存できる会社」「自律的に動

ける会社」「人類の幸せに貢献できる会社」を目指してほしいということです。

　経営者には真のリーダーシップが問われています。それは、3WIN（顧客・会社・従業員の利益享受）を達成しなければならないからです。そして、その先にあるのは、社会の発展、会社の成長。メンバーの自律です。

　少しでも、このような方向に進むことを願っています。この本が皆様方の心に変化を呼び起こし、行動の変容へとつながることを切に願うものです。

　最後に、この本全般にわたって丁寧に編集してもらい、EPILOGUEの対談では私たちの生きざまの本質に切り込んでうまくまとめてくれた脇田健一氏に紙面をお借りして感謝いたします。

　また、編集に精力的に関わってくれた室田美々氏、いまは韓国にいる呉 允荷氏に心から感謝する次第です。

2011年10月

加藤茂夫

【本書の読み方】

　PROLOGUEでは、加藤茂夫がさまざまな企業行動に遭遇したときの印象と過去の学究経験にもとづき、組織のあり方について述べています。全編を通じた基本的な価値観を示すものです。
　PART1～3は、企業の課題や問題点を探るためのチェックポイントが階層別に示されています。

PART 1
「経営者はどんな存在なのか？」「トップとしてのリーダーシップはどうあるべきか？」を日常の情景から解きほぐしました。

PART 2
「優れた管理者になるには、どのような行動をとるべきか？」をケースごとに展開しました。

PART 3
　社員を指導・育成し、彼らが将来のリーダーになるためのしくみを考えるときの材料が提供されています。

　各PARTについて、見開きページのイントロダクション（担当：行本明説）と、経営学の見地から解説した「特別講義」（担当：加藤茂夫）を設けています。
　EPILOGUEは、「組織論」を専門とする加藤茂夫と、「仕事術」のエキスパート・行本明説による対談です。それぞれの理念や哲学を通して、企業が目指すべき方向性が示されています。
　PROPOSALは、加藤茂夫の緊急提言です。企業の新たな可能性として、「ソーシャルベンチャー」を紹介しています。日本型経営モデルが脚光を浴びる日は遠くないでしょう。

CONTENTS……良い経営者 できる管理職 育つ社員

はじめに ……001

なぜ、「心の見える企業」に惹かれるのか? ……007

PART 1　経営者のリーダーシップはここでわかる! ……015

良い経営者、悪い経営者
社員の「やる気」を高め、仕事の「やり方」を理解させる ……016

01 …… 社員を本当に大事にする経営者とは? ……018
02 …… 経営理念に込められた経営者の気合い ……020
03 …… 社長の人間性を社員は理解しているか? ……022
04 …… 社員に使うお金と時間で社長の覚悟がわかる ……024
05 …… 一斉同報メールは社員との心の架け橋 ……026
06 …… 経営者の意思決定に求められること ……028
07 …… 現場のやる気を引き出すにはコツがある ……030
08 …… 行動規範が仕事の成果を左右する ……032
09 …… すべての経営資源を管理・活用しているか? ……034
10 …… 「仕事のしくみ」はプロ経営者の必修科目 ……036

［特別講義］これだけは押さえておきたい理論と学説❶
リーダーシップと経営者の役割 ……038

管理職のマネジメントはここでわかる！ ……043

できる管理職、できない管理職
自分の「仕事のはじめ」と
部下の「仕事のおわり」を管理する ……044

- 01 …… デスクの整理整頓で管理能力がわかる ……046
- 02 …… 部下からの相談にどう対応しているか？ ……048
- 03 …… 部下の時間を奪っているのは誰か？ ……050
- 04 …… なぜ、部下は管理されるのをいやがるのか？ ……052
- 05 …… ベンチャースピリットをもっているか？ ……054
- 06 …… 部下に信頼されるためのたった1つのこと ……056
- 07 …… 「とりあえずやれ！」は危険な指示か？ ……058
- 08 …… 管理職の力量は会議で試される ……060
- 09 …… 「私が悪かった」と上司が言えるチームは強い ……062
- 10 …… 権限がないところに責任はない ……064

［特別講義］これだけは押さえておきたい理論と学説❷
マネジメントの源流と管理者のリーダーシップ ……066

社員のポテンシャルはここでわかる！ ……071

育つ社員、育たない社員
仕事の「はじめ」と「質」を自分でコントロールする ……072

- 01 ...... 顧客満足の原動力は「従業員満足」 074
- 02 ...... 自律的な社員だからこそ、
  「ほかにやること、ありませんか?」 076
- 03 ...... デスクで一人ランチはチーム存亡の危機? 078
- 04 ...... 「床」に向かって挨拶していないか? 080
- 05 ...... 仕事を抱え込む社員は頼もしい? 082
- 06 ...... 冷静な行動と熱き思いが成長のカギ 084
- 07 ...... 仕事の腕前を確実に上げる方法 086
- 08 ...... 外回りとデスクワークの深い関係 088
- 09 ...... ルーティンワークとプロジェクトワークのさばき方 090
- 10 ...... 手帳のなかを見れば、仕事力がすぐわかる 092
- 11 ...... プレゼンテーションでスキルの総合力がわかる 094

［特別講義］これだけは押さえておきたい理論と学説❸
行動科学的組織論と人間性重視の経営 096

EPILOGUE
「バルーン型組織」と「仕事のさばき方」で会社が変わる
［徹底討論］加藤茂夫●行本明説 101

PROPOSAL
10年後はソーシャルベンチャーが主役になる
［緊急提言］日本型経営モデルの復活 117

おわりに 126

PROLOGUE

なぜ、「心の見える企業」に惹かれるのか？
フィールドワークからの報告

「心の見える企業」であることが企業として存続するための条件になる——。組織論を専門とする加藤茂夫の持論である。国内外の事例を紹介しながら、そのエッセンスをお届けする。

従業員の潜在能力を引き出す

　2008年9月、私は宮城県石巻市にいました。ベンチャー企業の実態調査の一環として、山間部にある電子部品メーカーを訪問するためです。

　大手企業をスピンアウトし、この地に本社工場を稼働させた経営者は、下請けからの脱却と自立経営を目指していました。実際、1枚の仕様書があれば、製品の設計から試作、製造までを自社内でこなせるだけの技術力とシステムを備えていました。

　その奮闘ぶりには目を見張るものがありましたが、なかでも私に強烈な印象を残したのは、経営者の揺るぎない基本理念です。

　この会社の従業員は300人余り。そのなかには、兼業農家のパート従業員も数多くいます。そして、すべての従業員はさまざまな教育訓練を受けて、戦力化されていました。

　どの企業でも、多かれ少なかれ社員教育は行われていますが、この会社は型破りです。

　たとえば、パート従業員にも会計数値を読み解く能力が身につくように、顧問税理士による社内講座を受けさせていました。しかも、自社の経営情報を従業員に開示しています。

　なぜ、このような取り組みを続けるのでしょうか？
「従業員を守るのが社長の使命」
「仕事は楽しくなければならない」
「会社は従業員の自己実現のための手段」

　社長が発したこの言葉に感銘を受けました。なぜなら、自分の思いをここまで言明することに潔さを感じ、それが口先だけではないことがひしひしと伝わってきたからです。

　2011年3月11日、東北地方は観測史上最大の大地震によって大変

なダメージを被りました。なかでも石巻市は津波によって壊滅的な被害を受けましたが、幸いにもこの会社は壁がはげ落ちた程度で大きな損害はなかったようです。

東日本大震災への不安と恐怖が続くなか、1つの素晴らしい記事を見つけました。それは、「復興、人の力は無限」の見出しで、IHI（旧社名：石川島播磨重工業）の相馬工場（福島県相馬市）で働く女性パート従業員の活躍を報じたものです（日経産業新聞2011年5月31日）。

この工場は、米国のGE（ゼネラル・エレクトリック）向けに航空機用ジェットエンジン部品、低圧タービンのブレード（羽根）を独占供給していますが、地震による揺れで生産システムに大きな影響が出ていました。当初、完全復旧には半年が必要だといわれたものです。

ところが、ふたを開けてみるとわずか2カ月で復旧。ブレード工場の従業員の約半数に当たる180名の女性パート従業員が現場から改善提案を行い、その多くを実行に移すことができたからです。

最近5年間でリードタイムが世界最短10日になったのも、パート従業員の貢献によるものです。さらに今秋、それを2〜3日に短縮するそうです。そもそも、世界初の「ブレードを連続で生産できるシステム」を開発したのも彼女たちだといわれています。

こうした成果が生まれたのは、第一にパート従業員の頑張りがあったからですが、それだけではありません。

パート従業員の能力の高さを認め、彼女らに仕事を任せる決断をした幹部社員の功績を見逃すことはできません。時給を1500円まで引き上げることができるように報酬制度を整備し、被災した従業員には住居を用意したのです。

正社員、非正規社員の区別なく、その労をねぎらう姿勢は高く評価されるべきでしょう。

「カネとモノは有限。ヒトの力は無限」

　これは、石川島重工業社長をはじめ、東芝社長、経団連会長などの要職を歴任した土光敏夫の経営哲学です。この理念は、いつまでも受け継がれていってほしいものです。

■ 「心の見える企業」との出会い

　時はさかのぼり、いまからおよそ20年前。中京地区にある中堅化学メーカーを訪問したときのことです。私は、社長が問わず語りに話したエピソードを聞いて、感動に身を震わせました。

　それはこんな内容です。

　ある日、数年前に退職した若者が会社を訪れました。そして、こう切り出したそうです。

「また、ここで働かせてもらえませんか？」

　社長はどう対応したと思いますか？　驚くことに、その場で若者の申し出を快諾したのです。

　これはできそうで、なかなかできないことです。おそらく、この若者は転職した会社よりも、いまの会社のほうがよかったと後悔したのでしょう。一方、社長は若者の胸中を察し、この経験を糧に成長してくれると期待したのだと思います。

　そして社長の予想どおり、若者は会社や社長の恩に報いるように大いに発奮し、会社のシステム開発に多大なる貢献をしました。

　この会社が人間重視の経営をしていることは、さまざまな場面で知ることができました。

　たとえば、24時間操業の工場では、夜間、従業員が一人もおらず、無人化しています。もし、不具合があったら？　その場合は、自動的に機械がストップすることになっています。翌朝に回復すれば十分だという考え方なのです。

　当時、大企業を中心に工場の無人化が広がりを見せていましたが、

この会社は中小企業にあってその先端を走っていたといえるでしょう。
　また、社内にカラオケルームやバーなどを設置し、従業員同士のコミュニケーションの場を提供していたのも印象に残っています。

　私はこれまで企業のあり方について、さまざまな観点で考察してきました。大学の研究室で専門書や調査資料と首っ引きになったり、全国各地、ときには海外まで足を伸ばして、企業の実態調査を行ったりしたのです。
　こうしたなかで、私は1つの結論にたどり着きました。それは、「心の見える企業」であることが、企業として存続するための条件になるということです。
　では、どのような組織にすればよいのでしょうか？
　詳細についてはEPILOGUEで述べますが、一言でいえば「経営者が従業員と同じ目線で話し合うことができ、会社のビジョンや使命が従業員にきちんと伝わっている組織」です。
　そのためには、経営の内容をガラス張りにして、従業員の納得と理解を得る必要があるかもしれません。
　また、経営者には「従業員を信頼し、大幅な権限委譲によって仕事を任せ、少々の失敗は寛容する態度」が求められます。
　企業経営では、ヒト、モノ、カネ、情報という経営資源を有効に活用しなければなりません。とくに人材の活用・育成は、経営環境がめまぐるしく変化するなかで大変重要になってきます。
　これまでに紹介した3社の事例は、いずれも「心の見える企業」の温かさを示しているといえるでしょう。

■ 人間尊重で本当に業績がアップするのか？

　ここで、こんな疑問をもつ読者もいるのではないでしょうか？
　「心の見える組織は、本当に高い業績をあげることができるのか？」

たしかに、企業の利益と従業員の満足がいつも同じベクトル上にあるとは限りません。心の見える企業などといっても、それは実現困難なユートピアにすぎないと一蹴されるかもしれません。
　しかし、決して机上の空論を述べているつもりはありません。たとえば、次のような事例からも検証することができるでしょう。

　1982年、オハイオ州コロンバスにあるホンダ（本田技研工業）の工場を訪問したときのことです。ちょうど、4輪車の組み立てラインが完成し、1982年11月1日にアコード第1号が誕生したころです。残念ながら、新しい4輪車工場は見学ができませんでしたが、隣接する2輪車工場の見学が許されました。
　そこで意外な光景を目にしました。工場で働いている従業員すべてがオーバーオールのユニフォームを着ており、ラインで働いていた従業員が床を掃除しているのです。日本の工場では当たり前ですが、米国の企業では私服で作業するのが一般的であり、ラインの従業員と掃除をする人は区別されているからです。
　ホンダの工場内では、整理・整頓・清掃・清潔・躾の「5S」活動がしっかり実践されていました。
　ところが、ミシガン州にあるGM（ゼネラルモーターズ）の工場を見学したときは愕然としました。工場内にコカコーラの空き瓶が散乱しているのです。ホンダの工場とは比べるべくもありません。
　ニュース報道で、自動車のドアにコカコーラの瓶の破片が混じり込むという事故については知っていましたが、これほど米国の生産現場が荒れ果てているとは思いませんでした。

　時代は1980年代初頭——。日本車が怒涛のごとく米国市場に押し寄せていました。日本車が銃で撃たれて蜂の巣になったり、地中に掘った穴に埋められたりする様子をニュース映像で見た方も多いのではないかと思います。

当時、私は1年間の米国留学の最中でしたが、オフタイムにデトロイト球場で観戦中、観客の一人から「ジャップ！」と罵られたことを思い出します。

筋違いの批判を受け、悔しい思いもしましたが、日本車に対する風当たりの強さは、米国自動車産業の荒廃を示すものでもあったのです。

では、ホンダとGMの違いは？　ホンダの躍進を支えたもの、GMの凋落を招いたものは、何なのでしょうか？

従業員にユニフォームが配給されているか、いないか？

ラインの従業員が工場内を清掃しているか、いないか？

工場の見学者は、まずこうした事実に気づくでしょう。じつは、こうしたちょっとした違いが業績の格差となってあらわれるのです。

そして、もう一歩踏み込んで、現場で共有されている基本理念を探ってみると、成長の原動力が鮮明になってきます。

ホンダの場合、基本理念として「自立」「平等」「信頼」という言い回しで「人間尊重」を謳っています。また、その考え方は、従業員をワーカーとはいわず、アソシエイト（仲間）と呼ぶことにも象徴されています。

ユニフォームの配給や工場の清掃という「活動」は、こうした「理念」にもとづいているのです。

あなたの会社は病んでいないか？

最後にもうひとつ、私の体験談をお話ししましょう。まだ40歳前後だったときの出来事です。

ある業界団体の依頼で、従業員のモラールサーベイ——仕事に対する態度や企業に対する意識に関する調査——を実施するため、北陸にある中堅企業に協力を要請しました。

ところが社長からは、こんなセリフが返ってきました。

「うちの従業員は知的レベルが低くて、そのアンケート調査に回答で

きないと思う」

　平然と言い放つ社長の姿に大きなショックを受け、私はこう自問自答していました。
「従業員を信頼できなくて、きちんと経営ができるのだろうか？」
「『天に唾する』とは、こういうことをいうのではないだろうか？」
　この会社がその後、どのような道のりを歩んでいるのかは知る由もありませんが、もし社長の意識が変わらないとすれば、永続的な成長は期待できないでしょう。
　この見方は、当時も現在も変わりません。むしろ、調査・研究を重ねたいまのほうが、より確信をもって言い切ることができます。

　成長する企業か、衰退する企業か？
　これを判断するのは容易ではありません。しかし、前述のように「心の見える企業」であるかどうかは、重要なポイントです。
　言い換えれば、心が見えない企業は、何らかの「病気」を抱えているものです。いまは元気で多少の無理がきいても、いずれそのツケは回ってきます。
　たとえば、ワンマン社長による強引な経営が一時的な成功をもたらすことは珍しくありませんが、それは長続きしないでしょう。なぜなら、従業員という財産を食いつぶすことによって得られた成功だからです。いずれ生産性が下がり、経営は危機に直面するおそれがあります。
　あなたの会社は、いまどんな状態ですか？　親しい取引先は？　あるいは就職・転職先は？
　これから、さまざまな視点で身近な会社の「健康診断」をしてみましょう。

経営者のリーダーシップはここでわかる！

経営者に求められることは何か？
経営者の役割、責任、使命を明らかにするとともに、
会社の舵取りを誤らない経営者の行動原則を
さまざまな場面から紹介する

完全無欠の経営者はいない

　ある金融機関での話です。年初の支店長会議において、経営者（理事長）が行う恒例行事のようなものがあります。まず、支店長全員に白紙を配って、「私のよいところを20個書いてください」と一言。続けて、「同じく、私の悪いところも20個書いてください」。

　支店長は隣席の同僚と話したりしながら、楽しそうに書き始めますが、時間が経つにつれ、会議室はだんだんと静まりかえってきます。そうすると、理事長は「なかなか書けないっぺ？」とニヤニヤ顔。

　よい経営者、悪い経営者という言葉には漠然としたイメージはありますが、日本中のビジネスパーソンに共通して認識されている「よい

良い経営者、悪い経営者　情報の伝え方にセンスがあらわれる

社員の「やる気」を高め、仕事の「やり方」を理解させる

経営者、悪い経営者」の定義はありません。目の前にいる親分について長所・短所を書き出すのは、気が引けるだけでなく、何を書けばよいのか戸惑うのは当然。「20個書き出す」のは至難の技です。

　さらに理事長は追い打ちをかけるように、「悪いところを書いても、人事考課には影響ないからどんどん書いてちょうだい。逆に、書かないと人事考課に影響が出るっぺ」なんて言っています。

　一度、このデータ集計をやらせていただいたことがあります。約80人の支店長が書き出した項目は、よいところが延べ1600、悪いところも1600です。詳細には覚えていませんが、内容を整理すると、長所が50強で、短所が100弱くらいにまとめることができました。

　面白いことに、この50と100で日本の経営者の全体像が浮かび上

がってくるようでした。

　ここで誤解してはいけないのが、非の打ちどころのない経営者も欠点ばかりの経営者も、現実には存在しないということです。生身の人間である限り、よいところもあれば、悪いところもあるのです。大切なのは、よいところは伸ばし、悪いところは修正・改善することです。それが自律的な経営者としての正しいアプローチだと思います。

　この理事長も、支店長がイメージしている自分の欠点を把握して、仕事のしかたや部下との接し方などの反省材料にしています。

　また、毎年継続して行うことで、時系列の変化もわかるようです。つまり、時代環境や会社の状態によって、望ましい、あるいは望ましくない経営者像が変化しているのです。

「情報の公平化」と「情報の共有化」は必須

　しかし、時代や状況の変化に関わりなく、ある意味で普遍的な経営者としての「あるべき姿」が存在すると思います。

　たとえば、業務を遂行するのには「やる気」と「やり方」はとても重要です。というか、この２つがセットでないと機能しないともいえます。やる気だけあっても、やり方がいい加減ではよい結果にはつながりません。逆にやり方はわかっていてもやる気がないと、その仕事に着手すらしないかもしれません。

　こう考えると、よい経営者の条件の１つは、つねに社員に「やる気」をもたせると同時に、つねに「やり方」を誰にでもわかるようにしておくことだといえます。

　そのためには、「情報の公平化」（と名づけています）と、いわゆる「情報の共有化」が不可欠です。前者は「同一情報を同時に全員に伝える発信者の心構え」であり、後者は「いつでも誰でも必要な情報にアクセスできる環境」です。

　これからの経営者は、この両方をしっかりコントロールできないと仕事で成果を出すのは難しいでしょう。　　　　　　　　（行本明説）

01 社員を本当に大事にする経営者とは?

「社員を大事にする経営者」と聞いて、何をイメージしますか?
　給料が安定している、リストラしない、福利厚生や教育システムなどの制度・しくみが整っているなど、待遇面を挙げる人が多いのではないでしょうか?
　たしかに社員に対する処遇がしっかりしていることは、安心して働ける職場環境がつくられていることであり、社員を大事にしている経営者か、そうではない経営者かを見分ける判断基準として押さえたいポイントです。

■ 人間関係を築く気配りと目配り

　しかし、それだけで社員を大事にする経営者だと早合点するのは、ちょっと危険です。
　そこで、もう1つ質問します。もし仕事でトラブルや問題が発生したとき、どんな気持ちになりますか?
「トップにこんな報告をしたら怒られるかもしれない」という不安がよぎるようなら要注意です。
　たとえ高い給料はもらえたとしても、あるいは雇用を保障されていたとしても、トップに社員の提案や報告が伝わらない風通しの悪い会社で働きがいを感じることができるでしょうか?
　社員を大事にする経営者は、現場で働く社員の声を大切にします。なぜなら、「仕事は現場で起きている」ことを理解しているからです。社員の声は企業が成長するために必要な貴重な情報源であるととらえ、バッドニュース・イズ・グッドニュースの精神で、現場で発生したト

ラブルの報告から顧客の苦情まで社長室へどんどん上げさせ、製品開発やサービス向上につなげる努力を惜しみません。

これは簡単にできることのようで、じつは難しいことです。

なぜなら、経営者と社員との間に信頼関係が成り立っていなくてはできないことだからです。それができるということは、社長が社員に信頼を寄せ、良好な人間関係を築くために気配り・目配りを怠っていない証しでしょう。

■ 体を張って社員を守れるか?

また、このような経営者は日頃からバッドニュースに接しているため、トラブル処理を通して精神的に鍛えられているものです。深刻なトラブルが発生した場合でも、オロオロせず的確な判断を下すことができるはずです。また、目の前の問題を解決するだけでなく、社員を守ることも忘れないでしょう。

いざというときに、自らが盾となって周囲に頭を下げ、社員を守り抜いてくれるかどうか?

これは、社員を信頼してくれている経営者かどうかを判断する以前に、厳しくチェックしたいポイントです。

ピンチに追い込まれたときに、あれこれ理由をつけて、真っ先に逃げてしまう経営者は論外です。

- □ 悪いニュースにも積極的に耳を傾けるか?
- □ 社員と良好な関係を築くために、気配り・目配りを怠っていないか?
- □ 深刻なトラブルに自ら対応しているか?

経営理念に込められた経営者の気合い

　経営理念とは、会社が目指すべき方向性を示した指針であり、経営者の企業経営に対する熱き想いと使命感、そして、哲学を端的に表したメッセージです。
　もし、社長室を訪れる機会があったら、真っ先にチェックしてほしいのがこの経営理念。
　ところが残念なことに、この経営理念が存在しない会社もあります。経営理念がなければ、社員を引っ張っていくどころか、社長が自分自身を引っ張っていくことも難しいのではないでしょうか？　それでは場当たり的経営になる危険性は大きいでしょう。

■ 直筆で書かれた経営理念

　経営理念をチェックする際、もうひとつ重要なことがあります。それは、「どのようにして書かれているのか？」という視点です。
　まずは、それが直筆で書かれたものであるかどうか？
　意外に思われるかもしれませんが、IT化が進んだ現代において重要なポイントです。簡単にさっと印刷された言葉と、自らの手で筆を通して書かれた言葉では、そこに宿る魂と気合いの入り方に違いが生まれるといっても過言ではないでしょう。
　ある企業の社長は、経営理念を毎年書き換え、社長室に貼っていました。壁一面に貼られた経営理念を眺めると、年を追うごとに字が上達していくのがわかると同時に、妙に気合いが入った年があったりして、まさに「気持ちが文字に表れる」ことを目の当たりにします。
　毎年、経営理念を直筆で書き換えることは、**経営者として原点に立**

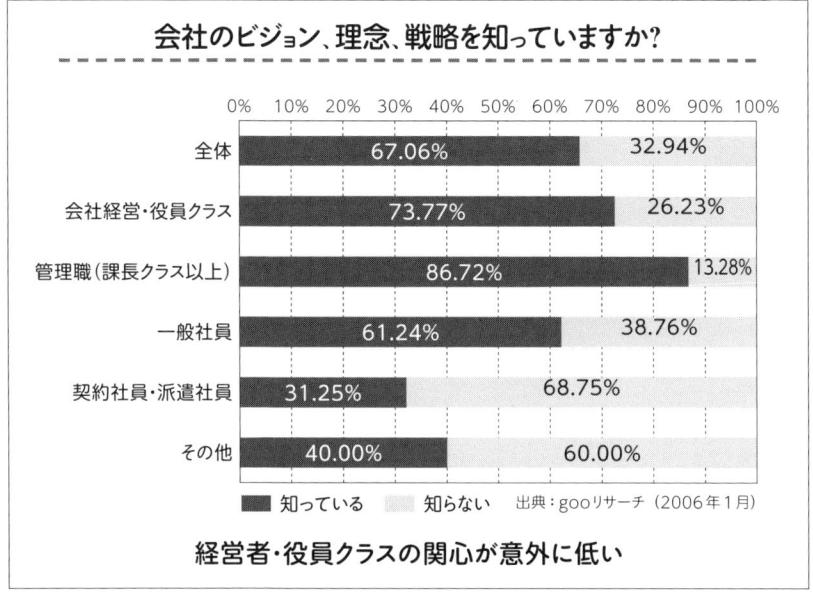

ち返り、企業経営に対する信念を改めて考え直す機会をもつことになります。それを自ら課している社長は、経営者としての使命感が強く、間違いなく社員を束ねる素養に優れているといえるでしょう。

しかし、どんな素晴らしい経営理念でも、社員に浸透していなくては意味がありません。たとえば、パソコンを立ち上げたときに経営理念が流れるなど、社員が共有できるようにアナウンスの頻度を多くすることが大切です。

さまざまな人間がそれぞれに力を発揮し、ともに働いていくためには、共通の価値観と目指す方向性の一致が重要です。社員のベクトルの一致、それがよい会社の条件の1つといえるのです。

経営者は「自分の言葉」で経営理念を表しているか?

社長の人間性を社員は理解しているか？

「社長がどんな人物か説明できますか？」

この問いかけに対して、社員が「さぁ、あまり考えたことがないからわからない」と答えるようなら、その会社は危機的状況にあるといわざるを得ません。

会社という組織の代表であり、会社を動かす舵取り役である社長について、社員がその人物像を理解していない、あるいは理解しようとしていないということは、とても深刻な問題です。

どんなに素晴らしい社是社訓を掲げていても、社長という人物のパーソナリティが社員に対してのっぺらぼうの状態では、「会社のために働こう」というモチベーションを社員が持続することは難しいでしょう。なぜなら、人は「言葉」によって動くのではなく、その言葉をどんな「人間」が発したかによって動くものだからです。

■ 社長が意識的に自己開示する

経営理念は、社長の価値観が反映されているものですが、それだけではパーソナリティまで理解することはできません。社員からすれば、社長は言行一致しているのか、どんな人間観をもっているのか、あるいは、どんな趣味をもっているのかといったことが気になるはずです。

ところが、社長のパーソナリティに関する情報は、社員が手に入れようとして簡単にできることではありません。社長の日常行動を見ていれば、ある程度のことはわかるかもしれませんが、胸に秘めた情熱やこだわりといったものまでを知ることは難しいでしょう。

では、どうすればよいのでしょうか？

答えは単純明快。社長自身が意識的に自分のパーソナリティを社員に伝えることです。これは**社員のモチベーションを高めるために戦略的に取り組まなくてはいけない**、社長の役割の1つとして行うべきです。社員に向けて、「私はこういう人間です」と表明することで、「一生懸命に働いてね」と情報発信することができるのです。

■社長の人間性が社員を動かす

　社長の「自分を理解してもらいたい」という想いは、そのまま社員のモチベーションにつながります。社長の想いを受け止め、そこに共感を覚えた社員は、やる気を出すに違いありません。

　また、社長による「自己開示」の効果は、取引先や顧客に対しても有効です。社長が自分という人間を知ってもらうことで、「商品をたくさん買ってくださいね」とアピールできるからです。「生産者がわかる農作物」が消費者に受け入れられるのと似ています。

　また、社員が社長の人物像を説明できるか、そうでないかは、社長の指示が末端まできちんと伝わる会社なのか、伝わらない会社なのかを判断する尺度にもなります。

　なぜなら、社長の人間性を理解していれば、社長の言いたいことをしっかり把握することができるからです。これは社長を好きか、嫌いかという以前の問題ではないでしょうか?

- □ 社長は自己開示に積極的か?
- □ 朝礼で社長は自分の考えを述べているか?
- □ 社内報や社内放送などを通じて社長の「肉声」が社員に伝わっているか?

04 社員に使うお金と時間で社長の覚悟がわかる

「社員にかけるお金と時間」と聞くと、社員のためのスキルアップ研修や管理職のためのマネジメント研修といった「企業内教育にかけるお金と時間」を思い浮かべる人が多いのではないでしょうか？

組織力の強い会社をつくるために、経営者がある程度のお金と時間を投資して人材育成を行うことは義務ともいえます。

■ 社員の心をつかむ投資とは？

ところで、経営者にとって一番の損失は何だと思いますか？

それは育てた社員を失うことです。企業内教育にたっぷりとお金と時間をかけて優れた人材に育てたあげくに転職されてしまっては、元も子もありません。

言葉は乱暴ですが、経営者にとって「社員を会社につなぎとめる」ことは重要な仕事です。そのためにも、社員が会社に対して興味をもち続けられるように工夫する必要があるでしょう。

では、どうすればよいのでしょうか？

その答えの1つが、社員の心をつかむようなお金と時間の投資です。

たとえば、ある経営者は、社員の妻の誕生日に家族で食事を楽しめるように「すき焼き券」を、子どもの小学校の入学時にランドセルをプレゼントするという取り組みを行っていました。

また、ユニークな例では、社員300人分の給料を振込からキャッシュ（お札だけ）での手渡しに変え、「給料が社員の妻の手元に届くまでの保険」を付保した経営者がいました。給料が事故や事件などで妻に届かなかったら保険で補填するというものです。

これは一般には販売されていない保険のため、保険料は割高であり、手続きにも手間がかかります。しかし、社員が妻に給料を渡す際に「ありがとう」の言葉をもらえるようになり、家庭内での夫の地位が向上（？）し、仕事へのやる気が高まり、業績アップにつながりました。もしかしたら、夫婦仲にもよい効果をもたらしたかもしれません。
　一歩先行く経営者は社員だけではなく、その先にいる社員の家族のことまで考えてお金と時間を投資しています。社員が働く現場、さらには社員の家庭にまで心を配り、お金の使い方を考える経営者は「素敵な社長」です。

■社員一人ひとりの人生を考える

　ここで重要なのは、**単に福利厚生を制度として整備することではなく、経営者としての責任をしっかりと認識する**ことです。経営者は会社の代表として、「会社の存続」に責任をもつだけでなく、「部下の人生」に対しても責任をもつ覚悟が必要です。
　かつて、終身雇用のもとで会社と社員の人生は切っても切れない関係にありました。ところがいまは、転職が当たり前になり、社員のキャリア（人生）を支えるしくみが消滅しようとしています。
　そんな時代だからこそ、社員一人ひとりに対する親身なバックアップが大切なのではないでしょうか？

□ 慰安旅行など、社員の家族を含めた
　福利厚生があるか？

□ 職種や階層別の社内研修があるか？

□ 国内外留学制度があるか？

---

05 一斉同報メールは社員との心の架け橋

　日々、パソコンに届くメール。そのなかに社長からの一斉同報メールを見つけることができれば、よい会社。1通も見つけられない場合は、悪い会社——。

　極論に聞こえるかもしれませんが、当たっている可能性は大です。

　メールを例に挙げましたが、どんな方法でもよいのです。重要なのは、社長の考えや方針が何かしらの形で社員に一斉同報として（全員に、同時に）発信されている会社なのか？　また、年間を通してどのくらい発信されている会社なのか？　この点に注目して自分の会社を振り返ってみてはいかがでしょうか？

■ 情報伝達率はわずか30％

　日本には、「阿吽の呼吸」という言葉があります。ご存じのとおり、これは、複数で行動するときに、多くを語らずともお互いの気持ちが一致するという意味です。「裏を読め」とか、「腹でわかれ」とか、「1伝えたら10理解しろ」といったことです。

　はたして、企業内でどれくらい実現していると思いますか？

　阿吽の呼吸で仕事が進められたら、それはまさに理想です。しかし、実際には相当な努力が必要でしょう。なぜなら「1」言ったことを、「1」のまま理解してもらうことさえなかなか難しいからです。

　ある企業の若手社員を対象に「上司が指示した内容について、どのくらいの理解度を示しているのか？」というデータを取ったことがあります。その結果は30％でした。すなわち、「1」のうち、「0.3」しか伝わっていない状態です。

では、「10」理解してもらうためには、何回伝えればよいでしょうか？　答えは、33.333……。上司が「散々（33）言っても伝わらない」と嘆くのは真実かもしれません。

このダジャレ計算をコミュニケーションの場面に当てはめてみると、社長もしくは上級管理者からの一斉同報発信が月1回でも少ないことは容易に想像がつくと思います。ましてや年に1回も発信されない場合は、社長の考えや方針が社員にほとんど伝わっていないといっても過言ではありません。

社長の考えを社内に浸透させ、**価値観を共有させるには一斉同報発信数を増やし、繰り返し伝える**努力が必要です。

■情報伝達のシステムをフラット化する

発信方法はメールに限りません。社長のメッセージを録画して社員がネットで閲覧できる環境を整えたり、社内報を通して定期的に発信したりするのもよいでしょう。さまざまなツールがあるにもかかわらず、それを活用しないのは社長の怠慢かもしれません。

また、いくらマメに発信しても、社員に読まれなくては意味がありません。メールで発信する場合は、社員がメッセージを読んだことを証明する返信機能を盛り込むのもおすすめです。こうした一連の作業こそ、本当のフラット型組織の構築だと考えています。

- ☐ 月1回以上、社長や経営陣から一斉同報メールが送られているか？
- ☐ 社内報などで社長のメッセージが届くか？
- ☐ 情報伝達システムが整備されているか？

経営者の意思決定に求められること

こんな経験をしたことはありませんか？

企画書を社長に提出したのに、いつまでたっても返事がもらえない。企画書に不備があるなら、その改善点をフィードバックしてくれたらよいのに、その気配もない——。

こうしたことが頻発すると、「うちの社長、やる気あるのか？」と社員はイライラしてきます。さらに状況が悪化すると、「うちの会社、終わってるよな」と文句を言い出します。居酒屋で会社のトップの批判をしている社員がいたら、その会社は意思決定の遅い大企業病を発症しているのかもしれません。

■方向性が見えないと社員は動けない

意思決定が早い会社は、「YES」なものにはいち早くスケジュールと予算を立て、向かうべき方向へ突き進みます。また、「NO」を下す決断も早く、方向転換も素早く行います。

一方、意思決定が遅い会社は、足踏みしている間にチャンスを逃し、残された道までも見失うリスクを抱えながら、足踏みを続けます。

意思決定が早いか？　遅いか？　これは顧客に対するサービスや社内の業務効率、社員の労働意欲、会社の業績など、あらゆる面に影響を及ぼすので、「よい経営者」か「悪い経営者」かを判断する材料として、ぜひチェックしたいポイントです。

たとえば冒頭で述べたように、経営者の意思決定が遅いと、社員のモチベーションは下がっていきます。それは、会社の「方向性」が示されていないため、自分の能力をどのように発揮すればよいのか、見

当がつかないからです。社員の苛立ちや不安の多くは、経営者の意思決定能力に問題があるといっても過言ではないでしょう。

■ **戦略がなければ意思決定できない**

では、なぜ意思決定が遅くなるのでしょうか?

それは、経営者に戦略がないことが最大の原因です。経営に対する理念や戦略をしっかりともち合わせていれば、進むべき方向を迫られてもすぐに決断できるはずですが、それがないから右往左往したり、立ち止まってしまったりするのです。

ここで注意してほしいことがあります。それは、**方向性だけでなく、「目的地」をわかりやすく示さなければいけない**ことです。

仮に「右方向」に進むと決めたとしても、どの程度、右に曲がればよいのか、目的地がわかるように示す必要があります。また、そこまで行くのに「歩く」のか、「走る」のかも決めなくてはなりません。

このように「道筋」を示すことができなければ、戦略があるとはいえないでしょう。

戦略がないということは深刻な問題です。なかでも市場競争が激しい業界では、意思決定を先延ばししているうちにライバル企業に蹴落とされるかもしれません。場合によっては、そのタイムラグが致命傷になることもあるでしょう。

- □ 会議の結論が先延ばしになっていないか?
- □ ホームページの更新などによって、会社の方針がタイムリーに伝達されているか?
- □ 経営計画に「目標値」が示されているか?

07 現場のやる気を引き出すにはコツがある

「何やってるんだ、こんなやり方じゃダメだろ！」

職場でこんなふうに怒鳴りつけられたら、誰でも気持ちが落ち込むでしょう。

ただし、その落ち込み度合は相手によって大きく変わってきます。日頃から、コミュニケーションが緊密にとれている相手なら、素直に我が身を振り返ることができます。ところが、ろくに話をしたこともない相手から突然、罵声を浴びせられたら「ふざけるな！　文句ばっかり言って！」と反発心が生まれるかもしれません。

■ 現場に足を運ぶことが先決

経営者は、しばしば「現場から遠ざかる」という過ちをおかします。一般に、会社での地位が上がるにつれて、外部との接触が多くなり、社内のコミュニケーションは希薄になりがちです。それが社長ともなれば、日常的に顔を合わせるのは重役や部長クラスなど、ごく限られた社員になることもあるでしょう。

しかし、現場から遠ざかることは、「現場を知らない」と同じこと。仕事がどのように進められているのか、社員がどのような状況に置かれているのかがわからないということです。いつの間にか、社員に無理を強いたり、生産性だけを追い求めた、独りよがりな指示を出していたりするかもしれません。そんな状態が続けば、社員は嫌気がさし、仕事へのやる気を失います。では、どうすればよいのでしょうか？

解決策は簡単です。現場を知らないのであれば、現場に足を運べばよいのです。もしかしたら、現場で厳しい声を聞くことになるかもし

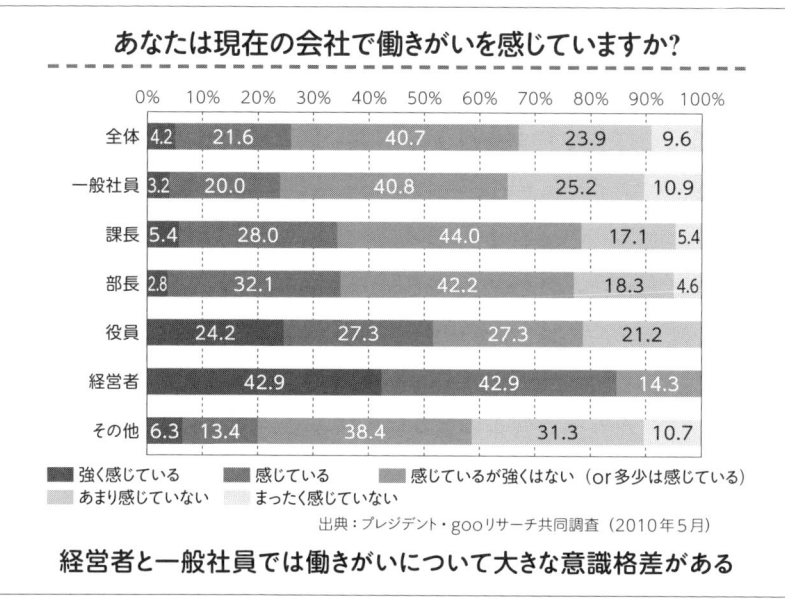

経営者と一般社員では働きがいについて大きな意識格差がある

れませんが、自分の目で確かめた情報をもとに的確な判断ができるだけでなく、現場のモチベーションアップにつながることも期待できます。現場のマインドを理解しようと努力している社長の姿勢に、社員からの信頼が集まるのではないでしょうか?

とくに、**現場の責任者の声にはしっかり耳を傾ける**とよいでしょう。彼らは、一般社員と経営陣を結ぶ「組織の要」ともいえるからです。

ところで、「ニコポン管理」をご存じですか? 少し古い言葉ですが、ニコニコと笑いながらポンと肩を叩くという意味です。もし、あなたが社長なら、笑顔で現場の責任者に名前で呼びかけてみてはいかがでしょうか?

 社長は日頃から現場視察を積極的に行っているか?

08 行動規範が仕事の成果を左右する

　先に経営理念について述べましたが、経営理念に似たものとして、社是・社訓や経営計画、行動規範、あるいはオシャレに英語で「マインドセット」などというものもあります。
　これらは、別人格の個人が集まって、1つの法人として「ベクトル合せ」をするための効果的な手段です。これらがないと、個人の力を1つの方向性をもってまとめることができず、個人が頑張っているわりには成果が出ないということになってしまいます。

■ 経営理念・行動規範・社風の関係

　最近、経営理念・社是・経営計画と、行動規範・マインドセット・社訓を分けて表記する会社が増えてきました。
　これはとても大切なことです。なぜなら、前者は目指すべき「目的地」(行き先)を表し、後者は行き着くための「ルール」(行き方)を表しているからです。
　そして、このルールが継続され、誰かから指示されなくてもほとんどの社員がそのルールに則った行動がとれるようになったとき、ルールは社風、組織風土に昇華したといえます。
　この目的地とそこに行き着くためのルールをはっきりさせるのが、経営者にとって最も重要な仕事の1つです。
　経営理念や社是、経営計画を明示できない経営者は論外ですが、それらを明記したとしても、**行動規範、マインドセット、社訓などがなければ、個々の社員は効果的な行動がとれません**。もちろん、仕事の成果も上がらないでしょう。

■ルールをつくるのも破るのも経営者

　このルールについて、中小企業などでしばしば見聞きすることがあります。それは、経営者が次から次へと仕事の進め方のルールをつくり、社員にそのルールを守るように指示。しかし、そのルールをなかなか社員が守れない――。

　なぜでしょうか？　たぶん、社内ではこんな会話が交わされているはずです。

「また新しいルールだよ。まぁ、すぐに変わるから様子見だね」

　経営者はどんどんルールをつくります。これは経営者として当然の務めであり、もっといえば、性（さが）のようなものです。目の前の課題が気になってしようがないのです。ところが、ルールが定着しないうちに、そのルールを破るのもじつは経営者なのです。

　この点については、経営者に同情の声が上がるかもしれません。なぜなら、先頭に立って会社の舵取りをしているのは経営者であり、環境の変化にはすぐに対応しなければならないからです。とはいえ、右へ左へ何の予告もなく舵をきられては、社員はたまりません。

　では、経営者としてすべきことは何でしょうか？　それは、目的地（行き先）とルール（行き方）がコインの裏表の関係にあることをしっかり認識すること。この一言に尽きるでしょう。

- ☐ 行動規範が定められているか？
- ☐ ルールが定着するようにさまざまな工夫が実施されているか？
- ☐ 目先の課題にとらわれすぎていないか？

09 すべての経営資源を管理・活用しているか？

　一昔前まで、経営資源はヒト、モノ、カネの3点セットでしたが、最近はこれに情報と時間を加えなければならなくなったようです。それだけ社会が高度化し、複雑になってきているということです。
　経営資源を上手に活用して、企業を目的地に誘導するのが経営者の役目ですが、経営資源が増えたことで、経営者の仕事はますます難しくなったといえます。

■ プロ経営者がいない

　米国ではずいぶん前に「求む社長！」の求人広告が登場し、いまやその募集形態も定着した感があります。日本では、育毛専門の「リーブ21」が同様の広告を出して話題になりました。
　「求む社長！」とは「求むプロ経営者」ということです。そもそも、株式会社は資本と経営を分離するために開発されたしくみです。「投資のプロが、経営のプロがいる会社に投資する」のが、株式投資の基本構造なのです。しかし、日本にプロの経営者はいるのでしょうか？
　プロのスポーツ選手といえば、いろいろな顔が思い浮かびますが、プロの経営者といわれてもピンときません。せいぜい、日産自動車のカルロス・ゴーン社長くらいでしょうか？
　しかし、そのゴーン社長でも米国のトップ・メジャーリーガーやヨーロッパの有名サッカー選手に比べると、ひと桁少ない報酬です。これでは、プロ経営者が増えないのも当たり前かもしれません。
　さて、こんな愚痴めいたことはさておき、プロ経営者が理解しておかなければならない経営資源の管理について述べたい思います。

■ 情報と時間の管理をどうするか？

まず、問題点を明らかにしておきましょう。それは、「ヒト、モノ、カネ、ジョウホウ、トキ」の管理を謳いながら、情報と時間に対して見識をもった経営者が稀有なことです。

経営資源のなかで一番注目されているのが「カネ」でしょう。財務諸表を読み解けないと、経営者として致命的だといわれます。格付け会社も、ここに的を絞って格付けしているのが実態ではないでしょうか？　せいぜい「モノ」として特許件数を評価の対象にしている程度でしょう。

組織図を見ても、財務部長（カネの管理）や総務部長（モノとヒトの管理）は置いているのに、**情報や時間を管理する責任者はほとんど見かけません**。世界的にも、CEO（チーフエグゼクティブオフィサー）やCOO（チーフオペレーションオフィサー）、あるいはCFO（チーフファイナンシャルオフィサー）はいますが、やはり情報や時間の管理を担当する役員は見当たりません。

では、ヒト、モノ、カネ、ジョウホウ、トキをしっかり管理できるプロ経営者になるためは、どうすればよいのでしょうか？

それにはまず、万人に当てはまる「仕事のモデル」（仕事のしくみ）を考えることです。次項で詳しく説明しましょう。

- ☐ 経営のプロを目指しているか？
- ☐ 経営資源の管理を財務諸表に頼りすぎていないか？
- ☐ 情報と時間の管理に敏感になっているか？

10 「仕事のしくみ」はプロ経営者の必修科目

　プロ経営者になるには、「仕事のしくみ」を学ばなければならないとお伝えしました。そこで、仕事のしくみから経営者が取り組むべき課題を明らかにしてみます。

■ 仕事に不可欠な3つの基本スキル

　まず、社長の仕事と新入社員の仕事は同じであると考えましょう。やっていることはまったく異なりますが、仕事のしくみのレベルで考えると、どちらも2つの仕事しかしていません。

　それは、「自分一人でやる仕事」と「他人と共同でやる仕事」です。前者は書類作成などのデスクワークなどであり、後者は目の前に誰かがいる仕事です。

　そして、この「2つの仕事」を処理するには、それぞれに技術が必要です。すなわち、「自分一人でやる仕事」には、その仕事の専門知識（ナレッジ）、「他人と共同でやる仕事」には、コミュニケーションが求められます。

　次に「コピー取り」と「企画書作成」も同じだと考えてみましょう。

　両者に共通するのは仕事の処理のしかたです。それは、両者とも「はじめ」があり、「おわり」があるということです。つまり、「はじめ方」と「おわらせ方」があるわけです。

　このように考えると、すべての仕事に共通した処理のしかた（さばき方）があることがわかります。

　ナレッジとコミュニケーション、そしてさばき方。この3つは仕事を進めるうえで非常に重要なスキルです。そしてこの3つを俯瞰する

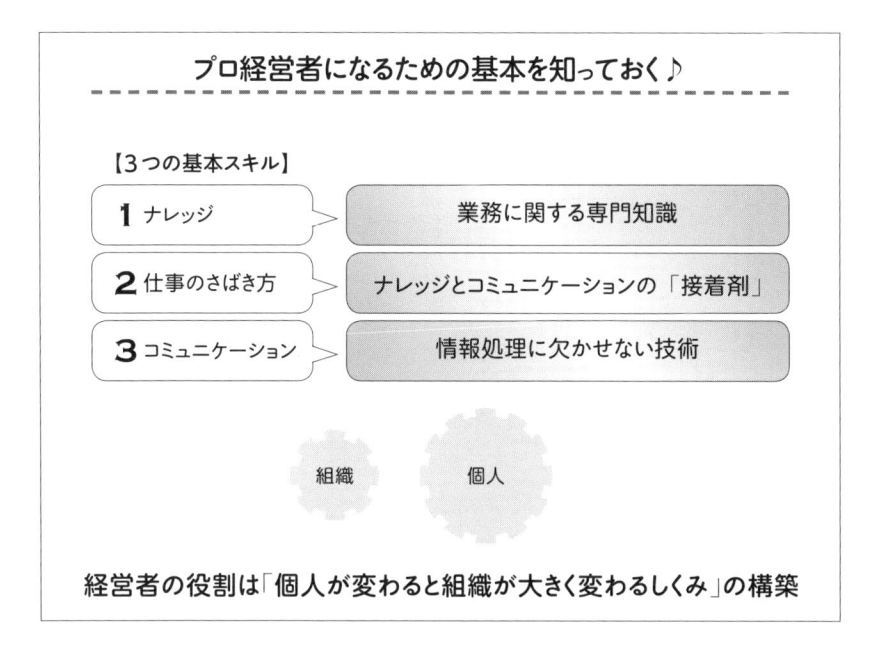

```
┌─────────────────────────────────────────────────┐
│         プロ経営者になるための基本を知っておく♪          │
│                                                 │
│  【3つの基本スキル】                                │
│   ┌─────────────┐    ┌──────────────────────┐   │
│   │ 1 ナレッジ    │──▶│ 業務に関する専門知識        │   │
│   └─────────────┘    └──────────────────────┘   │
│   ┌─────────────┐    ┌──────────────────────────┐ │
│   │ 2 仕事のさばき方│──▶│ナレッジとコミュニケーションの「接着剤」│ │
│   └─────────────┘    └──────────────────────────┘ │
│   ┌─────────────┐    ┌──────────────────────┐   │
│   │ 3 コミュニケーション│──▶│ 情報処理に欠かせない技術   │   │
│   └─────────────┘    └──────────────────────┘   │
│                                                 │
│              ⚙組織    ⚙個人                      │
│                                                 │
│   経営者の役割は「個人が変わると組織が大きく変わるしくみ」の構築  │
└─────────────────────────────────────────────────┘
```

と、さばき方がナレッジとコミュニケーションをつなぐ接着剤になっているように思えませんか?

ここまで理解できれば、経営者の役割も見えてきます。つまり、個々の社員に「**ナレッジ**」「**さばき方**」「**コミュニケーション**」**の腕前を上げてもらうように指導すると同時に、そのための社内環境を整備する**ことです。

今後は、「ナレッジ担当部長」や「コミュニケーション担当部長」、「オペレーション(さばき方)部長」が必要になると思います。こうした取り組みが、「ヒト、モノ、カネ、ジョウホウ、トキ」という経営資源の包括的な管理につながっていくのではないでしょうか?

社員のスキルアップを図るため、経営層を含めた組織改革に着手しているか?

特別講義 これだけは押さえておきたい理論と学説 ❶

リーダーシップと経営者の役割

― J.P.コッターのリーダーシップ論 ―

　リーダーシップ論の権威の一人であるJ.P.コッター（1947年～）は、マネジメントとリーダーシップを区別して、激動の時代には経営者のリーダーシップが企業の成否を占う重要な要素であると説いています。

　リーダーシップは、「組織を誕生させる、あるいは組織を激しく変化している環境に適応させるプロセス」であり、「組織の将来はどうあるべきかを明らかにし、ビジョンに向けて人材を組み合わせ、待ちかまえる障害をものともせず、必要な変革を実現する方向に人材を鼓舞するプロセス」ととらえています。

　つまり、企業の成長・発展はこのリーダーシップに依存し、人材を適材適所に配置し、育成することの必要性を訴えているのです。

　そして**「組織変革成功の70％から90％はリーダーシップによってもたらされる」**と喝破しています。

　一方、マネジメントとは、「人材と技術の複雑なシステムをつつがなく進行させるためのさまざまなプロセス」であり、そこには「所与の目的を達成するためにプランニング、予算策定、組織設計、人材配置、コントロール、問題解決の活動」が含まれます。いわゆる、マネジメント・プロセス、マネジメント・サイクルです。

　ただし、コッターはマネジメントは間違っており、リーダーシップが正しいと考えているのではありません。両者は共存しなければならないし、それぞれに目的があると論じています（右図参照）。

　いずれにせよ、組織を変革するためには、そこに参

コッターのリーダーシップとマネジメント

マネジメント \ リーダーシップ	ない	ある
ない	場当たり的経営 （自由放任型）	ワンマン的経営 （リーダー暴走型）
ある	官僚主義的経営 （ルール中心型）	バルーン型組織経営 （理想型）

※バルーン型組織経営：少人数の自律型組織の連合体による経営
『リーダーシップ論』ジョン・P・コッター（黒田由貴子監訳）ダイヤモンド社（1999年）をもとに作成

加している人の心を動かし、共感を得て、行動へとリンクさせる必要があります。ここで最も重要なのは、メンバーの行動を変えることであり、その際、理性に訴える分析を示されるときよりも心に響く真実を示されたときに心が変化し、行動変容が起こると指摘しています。

日本の経営の特徴である「現場主義」も、コッターがいう「心を動かすしくみ」の1つでしょう。

C.I.バーナードの組織論

企業経営者であったC.I.バーナード（1886～1961年）は、経営者の役割を解明するため、組織の本質に迫った理論を展開しました。

その前提として、「人間とはどんな存在か？」という問題に言及しています。すなわち、人間を「選択能力をもつ、全人格的存在」としてとらえたのです。「科学的管理法」を提唱したF.W.テイラーの人間観——人間は経済的刺激に反応する存在——とは大きな違いです。

バーナードは、企業や教会、学校などの具体的な存在を協働体系としてとらえ、その協働体系の本質に「組織」があると考えました。その組織の機能を解明することによって、協働体系の活動を説明しようとしたのです。つまり、組織を分析ツールにして現実の企業活動を解明しようしたわけです。

　まず、組織を「2人以上の人々の意識的に調整された活動や諸力の体系」ととらえました。これは大変有名な定義です。組織が人間を離れては存在しないことは自明のことですが、多くの人々はこのことを忘れているように思えてなりません。企業などの協働体系は、個人の能力の限界を克服するしくみとして存在するのです。

　さて、バーナードは組織の構成要素として、「協働（貢献）意欲」「共通目的」「コミュニケーション」の3つを挙げています。これらが組織の成立や存続に関わるわけです（右図参照）。

1. 協働（貢献）意欲

　バーナードは、「意欲は人によって差があり、多くの人はあまり貢献しようとする意欲をもっていない」と述べています。また、「その程度は極めて不安定だ」とも指摘しています。

　そして、貢献しようとする意欲を安定的に確保するには、給与・賃金、報酬などの「経済的誘因」や、地位・プライドのような「非経済的誘因」を提供するか、それらの価値を説得することが必要であるとしています。これは「誘因と貢献のバランス理論」と呼ばれ、組織を安定・成長させる考え方として広く知られています。

2. 共通目的

　共通目的は、貢献活動の方向性を決定する重要な要素です。なぜなら、協働意欲は目的や目標なしにはわき出てこないからです。共通目的は、つねに変更される可能性があります。それをメンバーに理解させるのが、経営者の重要な役割となります。

　その際、「組織の目的を達成したかどうか？」は、「有効性」という概念をモノサシにして測ります。また、「メンバーの動機が充足され

たかどうか？」は「能率」という概念によって測ることができます。

このように有効性と能率のバランスについて説いたのが、「組織均衡論」であり、組織の存続に関わる重要な指摘です。

3. コミュニケーション

コミュニケーション（伝達）は、共通目的と協働意欲を結びつけるものであるとしています。バーナードは、「組織の理論を突き詰めていけば、コミュニケーションは中心的地位を占めることとなる」と指摘しています。適切な伝達技術がなければ、組織の形態や目的達成の度合いに悪影響を与えるからです。

たとえば、組織のメンバー間で用語の解釈や使い方が食い違うと、さまざまなトラブルを引き起こします。しばしば、合併した企業同士で組織文化や「言語」が異なるため、「共通辞書」を作成しなければならないという、笑うに笑えない現実があります。

バーナードは上司の命令・指示が部下に受け入れられるかどうかを

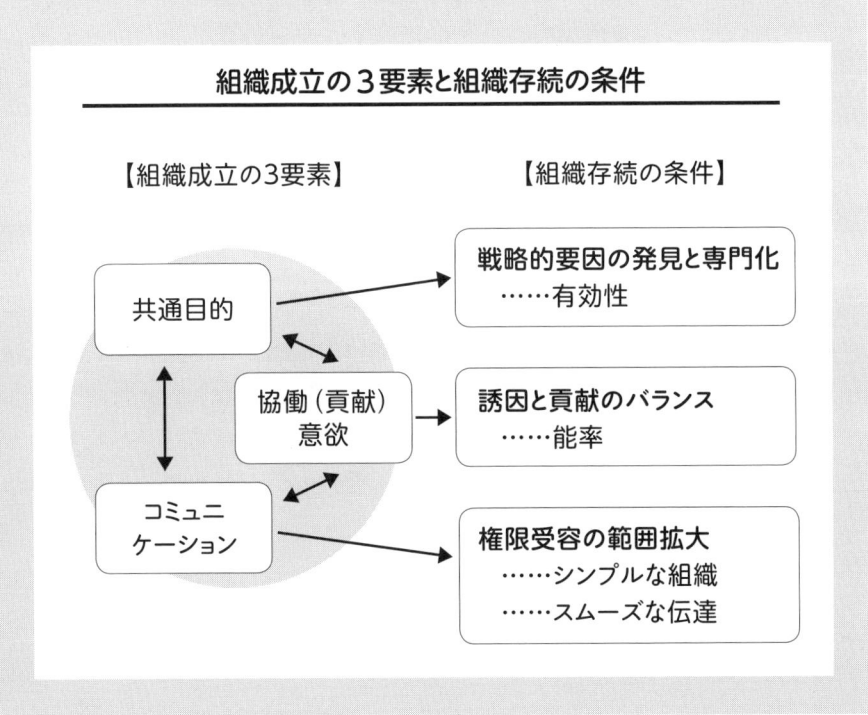

組織成立の3要素と組織存続の条件

【組織成立の3要素】
- 共通目的
- 協働（貢献）意欲
- コミュニケーション

【組織存続の条件】
- 戦略的要因の発見と専門化
  ……有効性
- 誘因と貢献のバランス
  ……能率
- 権限受容の範囲拡大
  ……シンプルな組織
  ……スムーズな伝達

決める主体についても触れています。そこでは、「権限はメンバーに受け入れられた時点で発生する」という「権限受容説」を展開しています。おおざっぱにいえば、**命令・指示に従うかどうかは、部下が決定権をもつ**という考え方で、①伝達内容を理解できる、②伝達が組織目的と矛盾しない、③伝達が個人的利害全体と両立する、④精神的、肉体的に従える、ということがクリアされてはじめて、その命令・指示にパワーが生じるというものです。

上司の命令・指示が部下に受け入れられなければ、組織はつねに不安定な状況下で活動することになり、非常にコストがかかります。調整に時間がとられ、本来の目的である業務の遂行が二の次となる危険性をはらむからです。

そこで上司の伝達がすんなりと、また当然のこととして部下に受け入れられるようにしなければなりません。バーナードはこのメカニズムを「**無関心圏の拡大**」という概念を用いて説明しています。

無関心圏とは、「権限があるかないかを問わず、無意識に命令を受け入れる範囲」を指します。命令・指示には、「明らかに受け入れられないもの」「どうにか受け入れられるか、あるいは受け入れられないかの瀬戸際にあるもの」「問題なく受け入れられるもの」という3種類があります。このうち、最後のケースが無関心圏のなかにある命令・指示です。つまり、命令が何であるかについて、部下は無関心なのです。

無関心圏を拡大するには、上司の「職位の権限」だけでなく、知識や経験、人間的魅力のような「リーダーシップの権威」が重要になります。その2つが組み合わされることで、無関心圏の領域が拡大するとともに、無関心圏外の命令・指示でも受け入れられやすくなります。

(加藤茂夫)

【参考文献】
『21世紀の経営リーダーシップ』J.P.コッター(梅津祐良訳) 日経BP社 1997年
『ジョン・コッターの企業変革ノート』J.P.コッター／D.S.コーヘン(高遠裕子訳)
　日経BP社 2003年
『経営者の役割』C.I.バーナード(山本安次郎、田杉競、飯野春樹訳) ダイヤモンド社 1956年

PART 2

管理職のマネジメントはここでわかる！

管理職は経営トップと一般社員をつなぐ企業の要。そこには、経験によって培われた業務処理能力とともに、高いコミュニケーション能力が求められる。優れた管理職の条件を多面的に探ってみよう。

なぜ、社内の風通しが悪くなるのか?

　21世紀になり、とんでもない言葉が生まれました。「名ばかり管理職」です。肩書きは管理職ですが、実際は担当者という新しい階層です。この名ばかり管理職は、たいてい長時間労働です。企業にとっては体のよい賃金カットといえます。

　どうしてこんなことが起きるのか?　仕事柄、腹立たしくもなります。また、名ばかり管理職の舞台となった会社の社長が、NHKのビジネス番組に日本を代表する経営者として出演しているところをみると、NHKもこの犯罪的な賃金カットを日本の代表的な経営手法と認定しているのでしょうか?　管理職像が揺らいでいる時代だからこそ、22

できる管理職、できない管理職　　仕事のさばき方が試される

自分の「仕事のはじめ」と部下の「仕事のおわり」を管理する

世紀につながるような管理職像を探ってみたいと思います。

　管理職は経営者と一般社員にサンドイッチされた中間層です。トップの意向を部下に伝え、具体化すると同時に、部下の現状を的確にとらえ、経営者に具申するのが役目です。つまり、トップダウンとボトムアップの接点にいる重要なポジションなのです。ここが機能しないと、風通しが悪い組織と呼ばれることになります。

　総理大臣を辞めた菅直人氏がインタビューに答えて、「原発事故発生後、原子力保安院からの報告は『すべて』があとで訂正された」と恐ろしいことを語っていました。トップへのボトムアップがまったく機能していなかったことになります。ということは、逆にトップの意向が的確に現場に伝わっていたかもはなはだ疑問です。

セルフビルドアップとチームデベロップ

　さて、日本では多くの経営者、管理職は平社員時代には優れた人材だったはずです。優れた社員が管理職になり、優れた管理職が経営者になるという図式です。ところが、実際はトップセールスマンが管理職になって会社の業績が落ちたという話はよく聞きます。

　企業経営に「プロ経営者」が求められると同様に、「プロ管理職」がいてしかるべきです。私がタイムマネジメントを勉強したイギリスでは、各地に「管理者養成スクール」があります。そしてイギリス国内にとどまらず、英国連邦の各国にも同じような学校があり、本国とネットワークされています。いわば、プロ管理者養成道場みたいなものです。さすが、資本主義発祥の国。上手な仕事の遂行と組織としての目標達成のためには、管理職が重要であることを認めています。

　一方、日本は「名ばかり管理職」です。これでは誰も幸せになれないだろうと思います。いま一度、「できる管理職」の定義をしっかりしたほうがよさそうです。

　管理職は、組織と個人をつなぐ接着剤の役目を担っている個人です。社員としての仕事をきっちりとこなしたうえで、配下の社員の面倒もみることになります。できる管理職を定義するときも、「仕事のしくみ」からのアプローチは有効です。

　どんな仕事にも「はじめ」と「おわり」があります。そして「はじめ」は、一人ひとりの個人が管理しますが、「おわり」は誰かと一緒に管理することになります。つまり、仕事のしくみには、「個人（ひとり）」と「組織（誰かと）」が内在しているのです。

　そうすると、できる管理職の特徴の1つは「自分の仕事のはじめ（開始）」をしっかりと管理し、「部下の仕事のおわり（期限）」をサポートできる人ということになります。別の言い方をすれば、セルマネジメント・セルフビルドアップができて、なおかつチームデベロップもできる人ができる管理職といえます。　　　　　（行本明説）

01 デスクの整理整頓で管理能力がわかる

仕事のできる管理職か、そうでないか？
簡単に見抜ける方法があります。それはデスク回りのチェックです。「デスクを見るだけで本当にわかるの？」と疑問に思うかもしれませんが、デスクの状態によって、その人の頭のなかの構造から管理職としての指導力まで見えてしまうことがあります。

■ デスクは頭のなかを映し出す鏡

では、早速、チェックに入りましょう。
デスクはきっちり片付いていますか？　それとも乱雑ですか？
きっちり派と乱雑派。仕事の進め方は個人によって違うため、一概にどちらがよいとは言い切れません。しかし、いずれにしても単なる性格の問題だと安易に考えるのは早計です。
デスクは、頭のなかを映し出す鏡です。デスクの上がぐちゃぐちゃな状態で必要な書類がすぐに出てこない乱雑タイプは、頭のなかの片付けも苦手。やるべき仕事が整理できずに滞っていることを疑うべきでしょう。NHKのアナウンサーだった鈴木健二氏のように、ごちゃごちゃの机から探し物を一発で見つけることができる人もいますが、それは例外と考えたほうがよいでしょう。
一方、書類や文具類が理路整然と収納されているきっちりタイプは、効率よく仕事ができるように、その人なりのルールをもっています。
なかには仕事量が少なすぎて、デスク回りが散らかることもないという人がいるかもしれませんが、たいていは頭のなかで仕事がきちんと整理され、部下へのマネジメントもスムーズに行っているはずです。

■ 共通ルールが組織力を上げる

　きちんと整理されたデスク。それが管理職だけではなく、チーム全体に浸透している場合は、**整理整頓に関する共通ルールがチーム内にあり、部下の指導が徹底されている**と推測できます。

　ある文具メーカーの調査によると、1日にモノ探しに費やしている時間は1時間前後あるそうです。これは1年で換算すると、約1カ月。これでは長期休暇を取って、モノ探しの旅に出ているようなものです。

　デスクをきれいに整理し、デスク回りに共通ルールを設けることは、無駄な時間をなくし、仕事の生産性を上げることになります。さらにデスクだけではなく、ファイリングまで徹底されていたら完璧です。

　このような取り組みを率先して行っている管理職は、仕事のしくみをよく理解している人です。

　第一に仕事の「はじめ」と「おわり」をしっかり認識しています。とくに仕事のおわりを意識しています。第二に効率よく成果を出すためのルールを共有してビジネスに挑んでいます。

　ただし、ここで注意したいのは、子どもの持ち物検査のようにハサミやホチキスなどが指定場所に収納されているかなど、些細なことまでいちいち管理することです。管理のしすぎは、部下の思考停止やモチベーションの低下につながるので気をつけなければなりません。

- □ 管理職のデスクは書類が山積みになっていないか?
- □ チームで整理整頓の共通ルールがあるか?
- □ 1つの仕事が終わったら後片付けをするか?

02 部下からの相談にどう対応しているか？

　仕事の進め方がわからない、突発的なトラブルへの対処法が見つからない──。
　こういったことは、誰もが一度は経験していることでしょう。一人で考えても解決策が浮かばなければ、頼りとなるのは上司です。
　では、「仕事のやり方がわからないので教えてください」と相談された上司は、どのように対応しているのでしょうか？
　簡単なアドバイスを与え、「あとは自分で考えてみろ。わからなければ、また質問に来い」と指導するなら、とても素晴らしい上司です。「いまは忙しいけれど」と保留しても、改めて相談の時間をつくってくれる上司も合格でしょう。ところが、「忙しいからあとで」と突き放したまま、何のフォローもしない上司は管理職としてのマネジメント能力を疑われてもしかたありません。

■「よくわかりません」の先にあるものは？

「よくわかりません」
　管理職は、部下から発せられるこの言葉の重みをもっと真剣に受け止めなければならないと思います。「よくわからない」というのは、仕事に関するナレッジが不足している証拠です。いくらやる気があっても、ナレッジが乏しければ、限られた時間で効率よく仕事を進めることも、質の高い仕事を目指すこともできません。
　上司としては、部下の「**よくわかりません**」**という一言を泣き言と決めつけるのではなく、やる気のあらわれとして評価してもよいのではないでしょうか？**　部下からの相談に対して何のアドバイスも与え

ないのは、部下にナレッジという武器を与えずに丸腰で戦えと命じていることと同じです。新兵を見捨ててしまってよいのでしょうか？

また、上司の冷淡な態度が繰り返されると、部下は上司に質問することすらやめてしまいます。部下からの質問が減ったからといって、部下にナレッジが身についたと勘違いしてはならないのです。部下とのコミュニケーションが希薄では、いつまで経ってもチームの組織力は向上しません。

では、なぜ部下からの相談にきちんと応えない管理職がいるのでしょうか？

じつは、上司の「忙しいからあとで」は自分自身のスキルやナレッジの不足を隠すための逃げ口上に使われていることも考えられます。

■部下のタイプを見極める

部下にはさまざまなタイプがいます。やる気があり、能力もある部下、能力はあるけれど、やる気不足の部下、やる気はあるけれど、能力不足の部下、やる気もなく、能力も乏しい部下——。

管理職は、部下のタイプに応じてマネジメントのしかたを変える必要があります（詳細はP.68参照）。相談に来た部下のやる気と能力を見極め、部下の成熟度に合わせた支援策を立てることが大切なのです。そうでないと、その場しのぎと先送りの対応に終始してしまいます。

- □ 部下が相談しても「時間がない」と断っていないか？
- □ 上司としての能力不足を隠していないか？
- □ 部下のタイプに合わせて支援しているか？

03 部下の時間を奪っているのは誰か?

　1日が終わってみたら、思っていたより仕事がはかどらず、翌日に持ち越されてしまったという経験はありませんか?
　きちんと予定を立てて作業をしているのに、なかなか成果が上がらない――。もし、こんな状態が続いているとしたら、社内に「時間泥棒」がいると疑ってみたほうがよいでしょう。

■ 上司が時間泥棒!?

　じつは、あなたの上司が時間泥棒かもしれません。むやみやたらと会議や打ち合わせをしたがる上司はいませんか?
　部下は上司の招集を拒否するわけにはいきません。「おい、ちょっと来い、会議やるぞ」と声がかかれば、それまでの作業を中断し、会議に臨まなくてはならないのです。
　もちろん、その会議が進行中の仕事にプラスになれば、問題はありません。しかし、突然呼び出されたものの、テーマが絞り切れておらず、ダラダラと時間だけが過ぎていくような会議だったら、部下にとって大変迷惑な話です。
　また、会社にとっても大きな損害です。
　たとえば、30分ですむはずの会議が、30分延びて1時間かかったとしましょう。そこに10名の出席者がいたとします。その場合、10名×30分で300分。5時間という貴重な時間が奪い去られるわけです。これを時間給に換算したら、大変な金額になります。時間泥棒は給料泥棒と同じなのです。

■ 突発の仕事によるダメージは大きい

　会議に限らず、上司の気まぐれで時間が奪われるケースは意外に多いものです。たとえば、打ち合わせと称して頻繁に呼びつけたり、意味のない経過報告を求めたりする管理職がいます。

　それは、管理職の「仕事のさばき方」のスキルが低下していることを露呈しています。**チーム内における仕事の進行具合を十分把握していないため不安になり、場当たり的に状況確認を行っている**のです。

　ここで、管理職として理解しておいてほしい「突発の仕事によるダメージ」について説明しましょう。

　まず、突発の仕事によるダメージは、予想以上に大きいことを肝に銘じてください。NPO法人日本タイムマネジメント普及協会の調査によれば、「業種・業態や企業規模を問わず、突発的に起きる仕事は全体の25％に達する」といわれます。つまり、勤務時間が1日8時間だとすれば、2時間が突発の仕事に費やされるわけです。言い換えれば、あらかじめ予定を立てて段取りが組める仕事は意外に少ないのです。

　突発の仕事には、顧客からのクレームなど逃げるわけにいかないものがあります。また、いったん中断された仕事の作業効率はガクンと下がります。それだけに、気まぐれや気晴らしで、部下の貴重な時間を盗む管理職の罪は大きいといえるでしょう。

- □ 会議中、ムダ話が多くないか？
- □ むやみに部下を呼びつける上司はいないか？
- □ 「時間」に対する意識が高い管理職か？

04 なぜ、部下は管理されるのを いやがるのか?

　仕事には、「自分一人でやる仕事」(目の前に誰もいない)と「他人と共同でやる仕事」(目の前に誰かいる)の2種類があることは、すでに述べました。

　また、誰がやっても、どんな仕事にも「はじめ」(開始)と「おわり」(期限)があることにも触れました。

　そこで、「2種類の仕事」と「開始・期限」を組み合わせてみましょう。そうすると、「自分一人でやる仕事のはじめ」「自分一人でやる仕事のおわり」「他人と共同でやる仕事のはじめ」「他人と共同でやる仕事のおわり」の4つに整理することができます。

■「自分一人でやる仕事のはじめ」がポイント

　じつは、この4つのなかで1つだけ、「自分」でコントロールできるものがあります。それは「自分一人でやる仕事のはじめ」です。

　ほかの3つは、すべて「他人」が関わっています。「他人と共同でやる仕事」で他人が介在するのはいうまでもありませんが、「自分一人でやる仕事のおわり」も、上司や顧客との約束に縛られます。

　さて、本題はここからです。多くの管理職に共通している問題点の1つが、「過剰なマネジメント(管理)」です。部下の仕事ぶりを見守り、困っていたらフォローすることは上司の大切な役割ですが、仕事の進め方をがんじがらめに管理することは、部下の成長の芽を摘み取るといっても言い過ぎではありません。

　では、過剰な管理なのか、そうでないのかをどこで判断すればよいのでしょうか?

結論からいえば、「自分一人でやる仕事のはじめ」にまで口やかましく指示することは、過剰な管理につながると考えてよいでしょう。

上司から仕事の期限を言い渡されるのは当然のこととして受け止められるのに、作業の開始時期について細かく指図されるとカチンとくることがありませんか？　それは本来、自分でコントロールすべきことに口出しされていると感じるからです。

■ **管理のしかたにメリハリをつける**

ただし、ここで注意しなければならないことがあります。それは、実際の業務ではしばしば「2種類の仕事」が1つの固まりになっているからです。たとえば、上司にプレゼン資料の作成を指示された場合、「自分一人でやる仕事」ととらえますか？　それとも「他人と共同でやる仕事」と考えますか？

パソコンに向かって資料を作成するのは「自分一人でやる仕事」ですが、上司との打ち合わせは「他人と共同でやる仕事」です。

この場合、上司としては部下にプレゼン資料の締め切りを指示するだけでなく、打ち合わせの日程も守らせなければなりません。

しかし、よほど能力や意欲に乏しい部下でない限り、あえて部下がデスクに向かう時間まで指示する必要はないでしょう。自由放任はよくありませんが、管理しすぎはもっとよくないのです。

☐ 部下が仕事をはじめる時間にまで口を出していないか？

☐ 仕事の期限をきちんと部下に伝えているか？

☐ 打ち合わせの日時は早めに伝えているか？

2　管理職のマネジメントはここでわかる！

05 ベンチャースピリットをもっているか?

「ベンチャースピリット」という言葉を聞いて、身近なものに感じるでしょうか? ほとんど意識したことがないという管理職は、仕事への取り組み方を見なおしたほうがよいかもしれません。

ベンチャースピリットは「起業家精神」と言い換えることができますが、必ずしも独立・自営や社内起業を目指すことではありません。仕事への取り組みが創造的で、リスクにも果敢に挑戦する意欲と責任感、倫理観を備えた心を指しているのです。

■ イノベーションを起こす原動力

企業の倒産が相次ぎ、不景気が叫ばれるこの時代において、企業として存続し、発展していくためには、経営者のみならず、部長や課長、工場長、フロア長、店長といった管理職の立場にいる組織メンバーがベンチャースピリットをもって仕事に取り組むことが重要です。

管理職は経営トップの考えや方針を組織内に浸透させるとともに、それに沿って社員を動かす企業の要です。

組織内にイノベーションを起こし、厳しい状況を打開したり、さらなる成長へ導いたりすることができるかどうかは、現場の管理職の意欲に大きく左右されるといっても過言ではありません。ベンチャースピリットをもった管理職が社内にたくさん存在し、それぞれが自律的に行動し、チームを活性化させていくことが、企業全体の組織力アップにつながるのです。

これは、企業規模の大小に関わらずいえることです。大企業にも中小企業にも共通する、重要な課題なのです。

■ オリジナリティを出そうとしているか?

　ベンチャースピリットは文字どおり心のあり様なので、ベンチャースピリットがある人かどうかを見分けるのは容易でないと思うかもしれません。しかし、じつはそうでもありません。

　その判断基準は、**日常業務のなかでオリジナリティを出そうとしているかどうか**です。たとえば、ベンチャースピリットがあれば、仮に業績が安定していても、それまでの仕事のやり方を見なおして新しい方法を切り開こうとするでしょう。自分の頭で考えたことを部下に伝え、チームの業績アップを目指すわけです。

　そこにはリスクがついて回りますが、これを恐れずに挑戦する姿勢が見えるはずです。

　逆に安定した業績をよいことに、いつも同じ仕事の進め方をしていたり、新聞や本に書かれている言葉をそのまま借用して話をしたりする人に、ベンチャースピリットがあるとは言いにくいでしょう。

　仕事のなかでオリジナリティを出そうとする意欲は、仕事に対するプライド、ひいてはチームの業績向上につながります。ところが、一律的なマネジメント――水曜ノー残業デーなどの取り組み――に安穏としているケースが見られます。これでは、ベンチャースピリットを育む土壌を台無しにしているのではないでしょうか？

- ☐ リスクを恐れず、新しい仕事に挑戦しているか？

- ☐ いつも同じ仕事のやり方をしていないか？

- ☐ 自分の頭で考えて行動しているか？

06 部下に信頼されるための たった1つのこと

　もし、「部下に信頼されているか？」と心配になったら、ニュートン力学の運動の第3法則「作用反作用の法則」を思い出してください。
　トンデモ理論といわれるかもしれませんが、物理法則には仕事を上手に進めるためのヒントがたくさん隠されています。
　これが単なるレトリックでないことは、「事実」が証明しています。たとえば――。

■ サラリーマン人生で貫き通したこと

　50代半ばの男性がテーブルを挟んでもう一人と向き合っています。2人は高校の同窓生で40年来の親友。その日は、長年勤めていたエネルギー会社を退職した彼に、友人が転職祝いを催したのです。その席で、2人はこんな会話を交わしていました。
「俺はなぁ、部下をもつようになってから、どんなことがあっても貫き通してきたことが1つだけある。何だと思う？」
　転職した男性が切り出しました。いつもは回りくどい言い方を好まないのに、珍しく変化球を投げてきます。
〈こいつ、これから自分が言うことに照れてるな〉
　こう察した友人は、「もったいぶらず、言ってみろ」と催促します。
「俺はどんな部下でも愛するように努力してきた。お前はどうだ？」
　迫力ある問いかけが返ってきました。そこには、彼の30年間のサラリーマン人生が凝縮されているようで、友人は思わず目頭を熱くします。そして、〈こんな上司がいてくれたならぁ〉と彼の部下が羨ましくなると同時に、よき友をもった幸せを噛みしめていました。

しかし、会社はそんな彼を役員にはせず、転籍させました。そこには、理想どおりにはいかない厳しい現実があります。

■ 愛される上司は部下のどこを見るか?

ともあれ、彼は部下に愛された上司だったに違いありません。

なぜでしょうか？　それは、彼が新しい部下をもったとき、一所懸命にその部下のよさを探したからです。2人の会話は続きます。

「どうして、よいところ探しなんだい？」

「俺も凡人だから、悪いところは配属された瞬間に目につくだろ。だけど、よいところはなかなか見えないのさ。だから、一所懸命に探す。悪いところを見つけて、そいつを愛することができるほど人格者じゃないので」

「でも、よいところ探しで苦労した部下はいなかったのかい？」

「そりゃ、残念だけどいたよ。でも、苦労してよいところを見つけ出すとうれしいし、楽しいぞ」

彼は「部下を愛すること」を楽しんでいます。そして、それが染みついているようです。

部下の気持ちがわからなくなったら、「自分は部下を信頼しているか？」と自問自答してみてください。 もし「信頼していない」なら、部下もあなたを「信頼していない」と思ったほうがよいでしょう。

☐ 部下のよいところを探しているか?

☐ 部下を信頼しているか?

☐ とらえどころのない難題については
　 原理原則に立ち返って考えているか?

07 「とりあえずやれ!」は危険な指示か?

何もやらないよりは、とにかく何かをやったほうがよい——。

タイムマネジメントの視点で考えると、上司の「とりあえずやれ!」という指示は、腕を組んだまま立ち止まっている部下の背中を押し、仕事に着手させるという意味では適切だといえるでしょう。

しかし、この言葉が仕事に着手させる目的以外に使われているとしたら、注意が必要です。

仕事は目的や目標を明確にし、適切な指示のもとで進められるのが理想です。ところが、こうした手順を無視して「とりあえずやれ!」と指示していたら、上司が仕事全体を俯瞰できていない証拠。

「よくわからないから、とりあえずやらせてみよう。失敗したら、そのときに考えればよい」などと安易に判断しているかもしれません。

■組織の成熟度が一目瞭然

じつは組織の成熟度は、「とりあえずやれ!」という指示が多いか少ないかによって判定することができます。

創業したばかりの会社や新設して間もないチームの場合は、冒頭で述べたように何もやらないよりは、手探りでもとにかくスタートを切ることが大切です。そうしなければ、成長するために必要なナレッジを手に入れることができないからです。

しかし、ある程度年月が経ち、ナレッジも蓄積された組織の場合、このような指示を管理職が連発しているとしたら問題です。それは、組織メンバーに「仕事のさばき方」のスキルが欠如していることの証しだからです。成熟度の低い組織と判断されてもしかたありません。

■ 強い組織をつくる魔法の言葉

「とりあえずやれ！」という指示が抱える問題点は、仕事のゴールが示されていないことです。

こうした指示のもとでは、目指すべきゴールが見えないため、作業効率が悪く、組織メンバーのモチベーションも上がりません。質の高い仕事は、とても望めません。はたして、このような状態にある組織が成長できるでしょうか？

組織が時代の流れに取り残されずに生き残るためには、管理職は「とりあえずやれ！」を封印し、部下に具体的な指示を出すマネジメントに切り替える必要があります。

ところで、「とりあえずやれ！」が仕事への着手を促す言葉なら、もっと素敵な表現があります。

すでに述べたように、仕事に着手するには「やる気」と「やり方」が必要です。**声がけでやる気を喚起し、その言葉にやり方のヒントを盛り込む**ことができれば、上司も部下も余計なストレスを抱えることなく、大きな成果を得ることができるはずです。

「まず、何からやる？」

この言葉は、部下に「はじめの一歩」を意識させ、「やり方」を考えさせます。強い組織をつくるキラーフレーズではないでしょうか？

- □ 「とりあえずやれ！」を連呼していないか？
- □ 仕事の目的や作業手順を説明しているか？
- □ 何から手をつければよいかをつねに考えさせているか？

08 管理職の力量は会議で試される

 時間ばかりが過ぎて、結論の出ない会議ほど空しいものはありません。また、会議が「報告会」になっているのも問題です。
 これといった成果もなく疲れだけが残った。一方的に指示命令を与えられるだけでモチベーションが下がってしまった……。このように感じるなら、会議のやり方を見なおしたほうがよいでしょう。

■会議の成否は準備とフォローで決まる

 会議とは、現場で発生する課題や問題点を持ち寄り、そこに集まるメンバー全員で解決策を導き、意思決定するものです。ビジネスでは、現場と会議の連携がスムーズに行われることが必要不可欠なのです。
 ではなぜ、意味のない会議が開かれるのでしょうか？
 その最大の原因は、会議の招集者である管理職が会議の目的を明確にできず、議論すべきテーマにブレが生じることです。
 そこで、会議を開く前の「仕事の棚卸し」をおすすめします。突発的なトラブルに対して緊急会議が開かれるようなケースは別ですが、定例会議などには即効性が期待できます。
 具体的には、進行中の業務内容を書き出し、優先順位にしたがって整理するだけです。これで、すぐに取り組むべき課題が見えてくると同時に、会議の目的と議論すべきテーマが決まり、招集すべきメンバー、会議の所要時間などを割り出すことができます。
 ここでポイントになるのは、「絞り込み」です。つまり、**目的やテーマを絞り込めば、参加者を絞ることができ、所要時間を短縮することも可能**なのです。

参加者が有意義と感じた会議

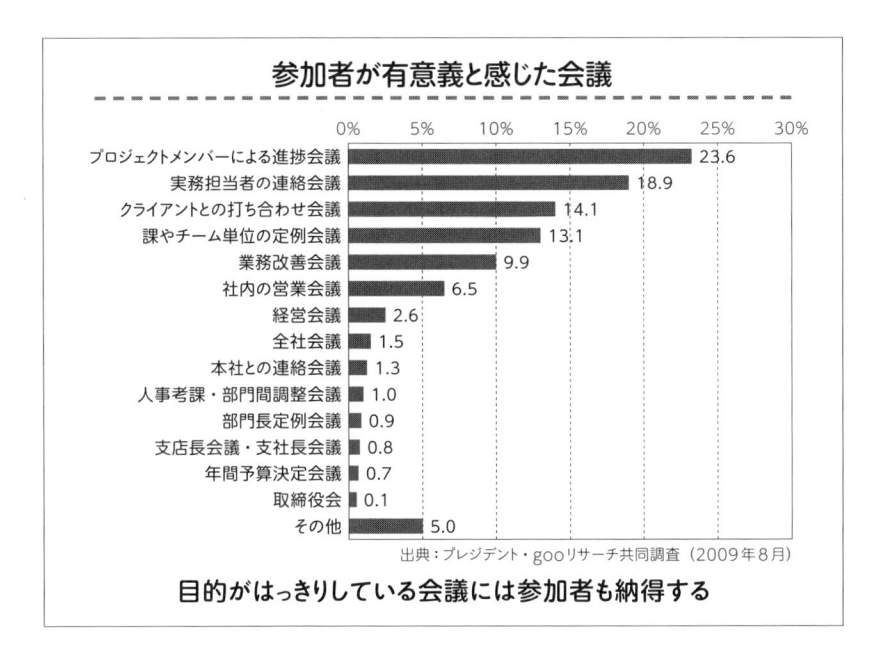

会議	%
プロジェクトメンバーによる進捗会議	23.6
実務担当者の連絡会議	18.9
クライアントとの打ち合わせ会議	14.1
課やチーム単位の定例会議	13.1
業務改善会議	9.9
社内の営業会議	6.5
経営会議	2.6
全社会議	1.5
本社との連絡会議	1.3
人事考課・部門間調整会議	1.0
部門長定例会議	0.9
支店長会議・支社長会議	0.8
年間予算決定会議	0.7
取締役会	0.1
その他	5.0

出典:プレジデント・gooリサーチ共同調査(2009年8月)

目的がはっきりしている会議には参加者も納得する

　この方法では、会議の回数は増えるかもしれません。しかし大切なのは、組織メンバー一人ひとりにとってムダな時間を減らすことです。その観点からいえば、間違いなく成果が上がります。

　また、会議後のフォローも重要です。会議の内容を議事録として記録し、当日に出席できなかったメンバーに対しても情報を伝えなければなりません。会議内容の管理や情報の配信など、会議に関するルールやシステムの構築に取り組んでいる管理職がいるとしたら、それは間違いなく「できる管理職」です。本来なら、社内にコミュニケーション担当役員を決めて、情報の共有化を進めることが理想ですが、そのような態勢を整えている企業はほとんどないのが現状です。

会議のルールとシステムが構築されているか?

09 「私が悪かった」と上司が言えるチームは強い

「何やってんだ!」と部下を叱責してばかりいる上司が多いなかで、ごく稀に「すまん、きちっとフォローできなくて申し訳ない」と部下に詫びを入れる上司がいます。

あなたはどちらですか? または、どちらのタイプが自分の上司だったらよいと思いますか?

■ セルフビルドアップとチームデベロップ

あなたが部下なら当然、後者であってもほしいと思うでしょう。しかし上司の立場で考えると、安易に自分の非を認めて部下になめられては、チームの統制がとれなくなるのではないかと危惧するかもしれません。

この問題を解決する糸口は、「セルフビルドアップ」と「チームデベロップ」をつなぐ「仕事のしくみ」にあります。

セルフビルドアップとは、自分を鍛え上げることです。一方、チームデベロップは組織力の向上です。この2つを両立させなければ、管理職としての役割を果たしことにはなりません。そして、そのためには、管理職という「権限」だけでなく、チームのリーダーとしての「権威」が必要です(P.42参照)。

では、具体的にどうすればよいのでしょうか?

52ページで、部下に対する過剰な管理について述べましたが、その考え方を応用しましょう。

まず、管理職であっても1人の個人であることに違いはありません。したがって、個人としては「自分一人の仕事のはじめ」をしっかり管

理することが必要です。それがセルフビルドアップの原点であり、部下の信頼を得る第一歩となるのです。ひいては、リーダーとしての権威にもつながるでしょう。

　また、上司としてはチームで進めている業務の全体像を把握して、部下に適切な指示をしなければなりません。そのときのポイントは、仕事の「おわり」を管理することです。

　これを簡単な図式にすると、次のようになります。

・「仕事のはじめ」を管理する→「個人」のセルフビルドアップ
・「仕事のおわり」を管理する→「組織」のチームデベロップ

　この2つができれば、「すまん」と部下に謝ってもチームの統制がとれなくなったり、上司の威厳が損なわれたりすることはありません。

■ 期限に対する責任は誰にあるか？

　冒頭の「何やってんだ！」と叱り飛ばす管理職は、こうした仕事のしくみを理解していないのではないでしょうか？　たぶん、部下を叱責したあと、「すぐやれ！」と言い出しそうです。

　一方、「すまん」と言える管理職は、「期限を守れなかったのは、私の責任である」という認識があるのではないでしょうか？

　各人が自律的に仕事をしている職場では、「何やってんだ！」は影を潜めると思います。

□ 管理職の「権限」にすがっていないか？

□ セルフビルドアップを怠っていないか？

□ チームデベロップのための管理の基本を理解しているか？

10 権限がないところに責任はない

　自己責任の時代だといわれるようになってから、ずいぶんと時間が経過しました。いまでは、何か問題があると「それは自己責任だね」などと平気で言われます。
　そして、その延長線上に「名ばかり管理職」があるように思えてなりません。「店長としての責任でしょ？」「責任果たしなさいよ！」のプレッシャーが、長時間労働への引き金になったのは間違いないでしょう。

■責任は個人、権限は組織

　どんな仕事にも「はじめ」と「おわり」がコインの裏表のようにセットで存在しているのと同じように、どんな仕事にも「責任」と「権限」があると思いませんか？
　この発想からすれば、自己責任を求められるなら「自己権限」はどうなっている？」と問いただしたくなります。つまり、「あなたの権限はここまで」とはっきりしているときに、はじめて「ここまでが私の責任」とわかるのではないでしょうか？
　自己責任、自己責任といくら連呼されても釈然としないのは、もう片方の権限がはっきりしていないからだと思います。
　では、前項でに述べた「はじめ」は個人で「おわり」は組織という考え方を「責任」と「権限」に当てはめると、どうなるでしょうか？
　それは「責任」は個人で、「権限」は組織ということになります。なぜなら、責任は個人として意識するものであるのに対して、権限は周囲の承認が必要だからです。

■ 個人と組織の断絶

　現在、コピー取りの責任と権限を論ずる人はいないでしょうが、コピー取りにも責任と権限があった時代をご存じですか？

　30年ほど前、どういうわけかコピー機は経理部に置いてある会社が多かったものです。コピーの申請書を上長のリーダーか課長に渡し、押印許可をもらい、それを経理課長に見せてコピーを取っていたわけです。コピーは高価だったので、使用許可権限を経理課長がもっていたことになります。まもなく、それはカウンターによって部署ごとに管理するものになり、20年ほど前からコピーは取り放題になりました。

　それはさておき、「私の責任はここまで」とはっきり意識して仕事をしている個人も少なければ、「彼（部下）の権限はそこまで」とはっきりと意識して、仕事を部下に任せる上司も少ないのが実情です。

　それは、仕事のしくみを理解していないことのあらわれでもありますが、**たくさん（個人）の「責任」を、1つ（組織）にまとめて「権限」を管理する**ことがないがしろにされているように感じます。

　そして、そこには個人と組織の断絶、もっと具体的にいえば、組織のまとめ役であるリーダー（管理職）と社員とのコミュニケーション（人間関係）の希薄さが関わっているように思えてなりません。まさに、心の見えない「総・無責任時代」になりつつあるようです。

- □ 権限と責任が表裏一体であることを理解しているか？
- □ 部下の権限を意識して指示しているか？
- □ 部下との人間関係を大切にしているか？

特別講義　これだけは押さえておきたい理論と学説 ❷

マネジメントの源流と管理者のリーダーシップ

H.ファイヨールの管理論

今日、経営学の教科書やセミナーで頻繁に使われている「Plan-Do-See（Check）」。いわゆるマネジメント・サイクルは、フランスの実業家H.ファイヨール（1841〜1925年）が1916年にまとめた著書『産業ならびに一般の管理』で触れられているマネジメントの定義に原型を見ることができます。

そこでまず、なぜ実業家の彼がこの本を著したのか、その経緯を簡単に紹介しましょう。

1888年、ファイヨールが鉱山会社の社長に就任したとき、この会社は経営危機に瀕していました。しかし彼は、それまでと同じ経営資源（ヒト・モノ・カネ）を使いながら、マネジメントの質を変化させることによって急激に業績を回復させました。その後、ファイヨールは約30年間トップの座にありました。

驚異的な経営再建に成功したとき、ファイヨールが感じたことはマネジメントの重要性であり、マネジメント教育の大切さです。19世紀のフランスでは、職業教育は行われていましたが、マネジメント理論はありませんでした。そこで彼自身の経験を理論化し、その内容を本に著して公にすることを決意しました。出版によって議論が巻き起こり、マネジメントの理論が深化・発展することを願ったわけです。

期待どおり、後年ファイヨールの考え方はマネジメント理論の中枢となり、米国の経営学者が中心となって「管理過程学派」が形成され、今日に至っています。

ファイヨールは経営と管理（マネジメント）を明確に区別しました。経営とは「企業が自由に処分するす

べての資産から可能な最大の利益を引き出すように努めながら、企業を目的へと導くことである。それは6つの本質的活動を確かなものにすることである」と述べています。

6つの活動とは、「技術活動（生産や加工）」「商業的活動（購買・販売）」「財務的活動（資本の調達と運営）」「保全活動（財産と従業員の保護）」「会計活動（財産目録・貸借対照表・原価・統計など）」「管理活動」です。このなかで、最も重要な要素が管理活動であるとしています。

そして、管理とは「予測し、組織し、命令し、調整し、統制することである」と定義しました。すなわち、PDSやPDCAのサイクルです。

ここで見落としてならないのは、彼自身が述べているように、**管理活動はトップマネジメントやミドルマネジメントの独占的特権ではなく、組織の指導者やそのメンバーとの間で分担される**ものだということです。従業員レベルにもこのマネジメント・サイクルが必要だとい

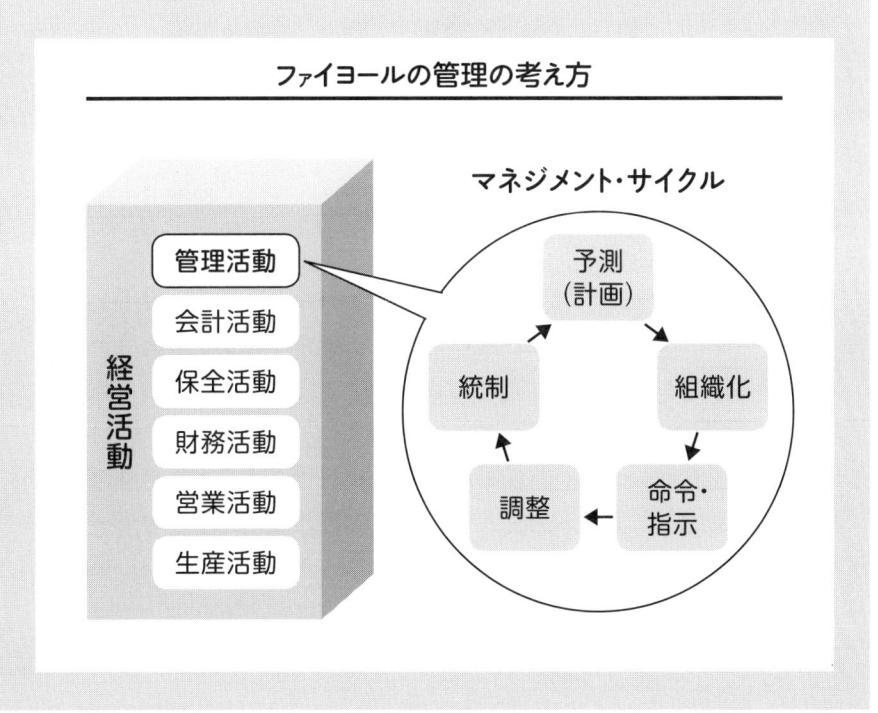

ファイヨールの管理の考え方

経営活動
- 管理活動
- 会計活動
- 保全活動
- 財務活動
- 営業活動
- 生産活動

マネジメント・サイクル

予測（計画）→ 組織化 → 命令・指示 → 調整 → 統制 → 予測（計画）

う指摘は、H.フォードが自動車工場の労働者に対して「独自の考えをもつことはやめよ、ただ上司の命令に従うことだ」と発言したのとは正反対です。末端の従業員でも管理活動をする必要があるという考察には、現場に権限を付与し、自主的管理チームによって運営するという概念の萌芽を見るようです。

ファイヨールは、末端の従業員が管理活動を行うのに必要な能力は全体の5％と推定し、技術活動には85％、保全活動と会計活動にそれぞれ5％が必要だと述べています。また、管理活動に必要な能力は、製造部長では30％、取締役で40％、社長で50％と、階層が上がるほど相対的に高くなると指摘しました。つまり、上位者ほど日常が管理活動中心に回っていることを示唆したのです。これは「ファイヨールの法則」と呼ばれています。

ファイヨールは、組織をうまく機能させるためにしばしば用いた「14の管理原則」についても言及しています。なかでも、「命令統一の原則」「権限と責任」「権限の集中と分権化」「階層組織と伝達の短縮化」などは有名で、現在も組織の運営原則として広く一般に使用されています。

P.ハーシィとK.H.ブランチャードのSL理論

管理者のリーダーシップ論を展開したP.ハーシィとK.H.ブランチャードは、1977年にSL（Situational Leadership）理論を提唱しました。**リーダーは、部下の成熟度に応じてリーダーシップのあり方を変化させる必要がある**という考え方で、リーダーシップ・スタイル（S）を「教示型（S1）」「説得型（S2）」「参加型（S3）」「委任型（S4）」の4つに分類しています。状況の関係性において、リーダーが部下との間で行動を変える能力があるかどうかが、この理論の要諦です。

右図の上段をご覧ください。横軸にある仕事行動（指示的行動）は「リーダーが、個人ないし集団の任務や職務遂行のあり方のお膳立ての程度で、相手に『何を、いかに、いつ、どこで、誰が』がなすかを

SL理論──状況対応型リーダーシップ・モデル

【4つの基本的リーダーシップ・モデル】

関係性行動(支援的行動) (低)←──→(高)

- **S3 参加的**
  考えを共有化し意思決定を促進する
  (高関係、低指示)

- **S2 説得的**
  上司の考えを説明し、フォロアーの疑問に応える
  (高指示、高関係)

- **S4 委任的**
  仕事遂行上の責任をフォロアーに委ねる
  (低関係、低指示)

- **S1 教示的**
  具体的に指示し、事細かに監督する
  (高指示、低関係)

仕事行動(指示的行動) (低)←──→(高)

【部下のレディネス】

高	中程度		低
R4 高能力で自信もあり、意欲も高い	**R3** 高能力だが、意欲が弱く、不安を示す	**R2** 低能力だが、自信をもち、意欲もある	**R1** 低能力で、意欲が弱く、不安を示す

Readiness(学習するための準備性)。成熟度を表す。Rはその頭文字

『行動科学の展開』(生産性出版)をもとに作成

管理職のマネジメントはここでわかる!

指示することに関わっている」としています。ここで注意してほしいのは、指示的であることが押しつけがましいことや気短なこととは異なる点です。高度の指示行動とは、たとえば道案内をするとき、相手にきちんと正確に目的地を示してあげることです。

縦軸の関係性行動（支援的行動）は、「リーダーが双方向、多方向のコミュニケーションを行うことにある。たとえば、傾聴、斡旋、促進などの支援的なリーダー行動」です。高度の支援的行動は、リーダーが部下の声を聴き、励ましてやり、支援してあげることを指します。そして、横軸と縦軸によってS1からS4まで4つの象限に分け、リーダーシップ・スタイルを整理しました。

また下段では、フォロワー（部下）の能力（課題の遂行に関する知識・経験・スキル）と意欲（課題の遂行に関する自信・熱意・動機の強さ）の程度によって、部下の成熟度がR1からR4までレベル分けされています。

重要なのは、リーダーがフォロワーの能力や意欲に合わせてリーダーシップ・スタイルを選択することです。「R1→S1」「R2→S2」「R3→S3」「R4→S4」という組み合わせが妥当だといえます。

リーダーシップの効果については、①リーダー本人、②相手や部下（フォロワー）、③上司、④主要な同僚、⑤組織と組織風土、⑥職務の要請（仕事上の必要性）、⑦決定に与えられた時間（緊急度合い）という要素が相互に影響し合っているといえます。それが状況対応型リーダーシップといわれる所以です。

このようにSL理論は、管理者の日頃の管理活動において、つねに部下の能力と意欲に気を配り、それらを高める努力をするとともに、コミュニケーション能力を磨く必要があることを示しています。

（加藤茂夫）

【参考文献】
『産業ならびに一般の管理』H.ファイヨール（佐々木恒男訳）　未來社　1972年
『行動科学の展開』P.ハーシィ／K.H.ブランチャード／D.E.ジョンソン
　（山本成二, 山本あづさ訳）　生産性出版　2000年

PART 3

社員のポテンシャルはここでわかる！

入社して間もない新人が知識や経験に乏しいのは当然。一般社員に必要なのは、本人の仕事への意欲とそれが活かされる環境である。社員がスキルアップするための条件をあぶり出す。

指示待ち社員と自分勝手な社員

ひところ「指示待ち社員」という言葉がはやりました。自らは考えず、上司からの指示をひたすら待つ社員です。

バブルも終焉の頃、サテライトオフィスなるものが登場しました。職住近接で自宅や近隣のマンション内にワークスペースを設け、会社に出社せずに仕事に励むのです。いまでいうワークライフバランスを実現しようという取り組みでした。

しかし、この取り組みは見事に失敗しました。当時はIT環境も稚拙でしたが、なんといっても最大の原因は「何をやったらよいかわからない」「一人だと不安だ」と、サテライトオフィスから会社に出向

育つ社員、育たない社員

> 問われるのは日々の過ごし方

仕事の「はじめ」と「質」を自分でコントロールする

く人が続出し、結果的に仕事は会社で行わざるを得なくなったことではないでしょうか？ こうした状況の背景について、評論家は「指示待ち社員がいるからだ」と論評したものです。

指示待ち社員の対極にいるのは、ある意味で自分勝手な社員かもしれません。上司の指示などにはいっさい構わず、我が道を行くような社員です。指示待ち社員と自分勝手な社員。どちらも困ったものです。

指示を待ちすぎず、自分勝手にすぎない、絶妙のバランスが求められています。これは意外に難しいことです。往々にして、安易な道を選び、極端な仕事のしかたになるのだと思います。

厚生労働省や一部の経営学者は、絶妙なバランスがとれる手法を「裁量労働制」と呼んだりしています。

スキルとナレッジを「自己増殖」させる

　昨今、サテライトオフィスでの仕事が復活の兆しを見せています。それは、ワークライフバランスを推進するための苦肉の策といってよいかもしれません。ワークライフバランスを実現するには、指示待ちでは無理なので、一人ひとりの裁量で仕事をしてもらおうという試みです。つまり、裁量型のマネジメントです。

　しかし、バブルの頃の「指示待ち体質」がひとりでに変わるものではありません。

　ただ、この20年間で確実に変化した面もあるように思います。それは、自律的に仕事を処理できる人が増えたことです。まだ、その数は少ないのですが、着実に増えています。

　なぜでしょうか？　企業の組織体制がピラミッド型からフラット型に移行したことが影響しているかもしれません。相談したくとも相談できる人がいないフラット型組織のなかで仕事をこなすには、自律的にやるしかないからです。

　では、自律的に仕事をするには、どうすればよいのでしょうか？

　その条件の１つは「自己増殖」です。自ら自分のスキルを向上させ、ナレッジを増大させることです。「昨日よりも今日、今日よりも明日」と、仕事の腕前が上がるような仕事の取り組み方をしないと、自律的に仕事ができるようにはなりません。

　仕事の質的な難しさは、時の流れとともに加速度的に増大しているようです。私たちは、これまでの歴史にはなかったような過酷な時代に身を置いているように感じます。

　自らを育てるときも、「仕事のしくみ」は役に立ちます。たとえば、どんな仕事にも「はじめとおわり」や「質と量」などがセットなって存在しています。このうち、個人がコントロールすべきは「はじめ」と「質」。まずは「仕事のはじめ方」と「質の高め方」を日々研鑽してほしいと思います。

（行本明説）

01 顧客満足の原動力は「従業員満足」

顧客満足は企業経営の柱といっても過言ではありません。しかし、自分の仕事が楽しくなくて、顧客に満足してもらえるサービスや商品を提供できるでしょうか？

反対に、仕事に対する充実感や満足感はいつの間にか、顧客に「伝染」していくものです。たとえば、元気に立ち働くショップの販売員を見ていると、それだけでこちらも楽しくなることがありませんか？

■ 幸せそうな社員は着実にスキルアップする

では、社員が仕事に楽しさを感じるのはなぜでしょうか？

給料が高いから？　たしかに、それも理由の1つです。しかし、それだけではありません。

やりがいのある仕事だから？　はじめからやりがいのある仕事に就けるとは限りませんが、こう答える人は多いでしょう。

人間関係も大切です。よい上司や同僚、後輩に恵まれると、仕事も楽しくなります。

また、昨日できなかったことが今日できるようになれば、当然楽しくなります。

ほめられたり、感謝されることも大きな要因です。たとえば、教員やコンサルタントは、受講者から大きな反響があったりするとうれしいものです。逆に反応がさっぱりだと一気に疲れが出てきます。

案外、人間の心理は単純なのかもしれません。**素敵な仲間との交流や日々成長している実感、周囲の賞賛や感謝などによって仕事が楽しくなると、その幸せな気分をまわりにおすそ分けしたくなる**ものだと

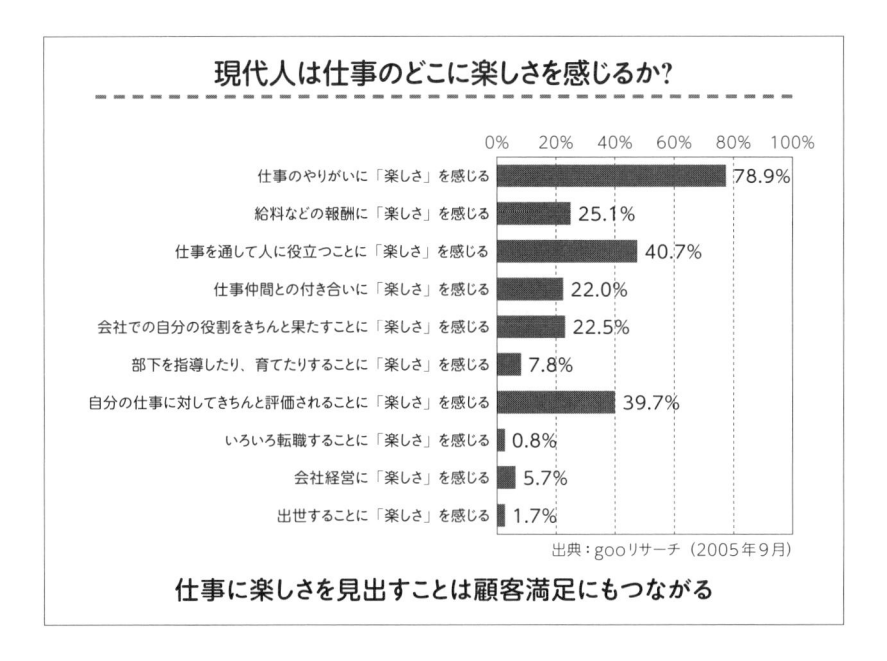

現代人は仕事のどこに楽しさを感じるか?

項目	%
仕事のやりがいに「楽しさ」を感じる	78.9%
給料などの報酬に「楽しさ」を感じる	25.1%
仕事を通して人に役立つことに「楽しさ」を感じる	40.7%
仕事仲間との付き合いに「楽しさ」を感じる	22.0%
会社での自分の役割をきちんと果たすことに「楽しさ」を感じる	22.5%
部下を指導したり、育てたりすることに「楽しさ」を感じる	7.8%
自分の仕事に対してきちんと評価されることに「楽しさ」を感じる	39.7%
いろいろ転職することに「楽しさ」を感じる	0.8%
会社経営に「楽しさ」を感じる	5.7%
出世することに「楽しさ」を感じる	1.7%

出典:gooリサーチ(2005年9月)

仕事に楽しさを見出すことは顧客満足にもつながる

思います。それが顧客満足にもつながるのではないでしょうか?

しかし最近、この単純な相関関係がほとんど見られなくなりました。天然記念物ものかもしれません。

殺伐とした現実を目の当たりにすると暗い気分になりますが、その半面、社員を見て会社の将来性を予測するのは意外に簡単です。なぜなら、天然記念物のような(幸せそうな)社員がいたら、すぐにわかるからです。たとえば、背筋がピンとしている、目に力がある、言葉づかいがしっかりしている、動きがてきぱきしている、顔の表情が豊か、笑顔が素敵……。こんな社員は着実にスキルアップします。そして、顧客満足に大きく貢献するに違いありません。

表情や動作がはつらつとしていて、楽しそうに仕事をしているか?

02 自律的な社員だからこそ、「ほかにやること、ありませんか?」

　職場では突然、人から仕事を頼まれることはよくあることです。上司の指示による業務命令や同僚や部下からの依頼など、さまざまな形で仕事が持ち込まれます。

　一方、こちらから同僚や部下に協力を求めることもあります。ときには、上司に支援をお願いすることもあるでしょう。いずれにしても、職場ではチームワークが不可欠です。

■ 仕事は自分で大きくできる

　チームワークという言葉の響きから、和気あいあいとした関係を連想しがちですが、職場では必ずしもそうではありません。ときには、意見の対立から険悪なムードになるかもしれません。大切なのは、いざというとき、組織メンバー間で助け合える風土をつくることです。

　では、具体的にどうすればよいのでしょうか?

　社内ルールを整備することも必要ですが、その前に各人の仕事に対する姿勢が重要なポイントになります。

　たとえば、上司の指示に対していつも反抗的な態度をとったり、時間つぶしで過ごすようでは、ビジネスパーソンとして失格でしょう。

　また、同僚や部下などから何かを頼まれたとき、相手の事情を確かめもしないでイヤな顔をする人も問題です。

　ここまでは、社会人としての常識でわかります。

　そこで質問です。「ほかにやること、ありませんか?」と、自分から相手にアプローチすることはありますか?

　これはチームワークの強さを測るバロメータであるとともに、この

一言が自然に口から出る人は、そうでない人より成長性が高いことを示しています。「やらなければならないこと（業務命令）」や「やったほうがよいこと（依頼）」に加えて、「やらなくてもよいこと」にまで手を伸ばすことで、自分で自分の仕事を「大きく」しているからです。

このような人は、自分の仕事や役割を「与えられるもの」としてはとらえていません。

■ 江戸時代の武士は自律的だった!?

上司が部下を支援するは当然のことですが、上司や同僚をサポートしようとする人は少ないかもしれません。しかし、こんな話を聞いたらどう思いますか？　江戸時代の紀州和歌山藩で出されたお達しです。
「1つの仕事が終わったらば上長に終わった旨を報告し、ほかにやることはないかを確認すること」

すでに、仕事のさばき方のルールが確立していたようです。さらに、「上長から『ほかにやることなし』と言われたら、下城時刻前でも即刻下城せよ」と続きます。

もしかすると、これは世界最古のフレックスタイム（退社時刻のフレックス）制度なのかもしれません。ワークライフバランスを含め、自律的に仕事をしようとするなら、まず「自分の仕事」を見つめなおすことからはじめてみましょう。

- □ 上司の指示には素直に応じているか？
- □ 同僚や部下からの依頼を快く引き受けているか？
- □ 積極的に自分の仕事を大きくしているか？

03 デスクで一人ランチは チーム存亡の危機?

「一事が万事」という諺(ことわざ)があります。ちょっとしたことがすべてに通じるという意味ですが、これにならって会社をチェックすることもできます。

たとえば、昼食をデスクなどでひとり黙々と食べている社員が多い職場は、コミュニケーションに問題を抱えている可能性があります。

本人にとってみれば、ただ単に「休憩時間くらい一人にしてほしい」ということかもしれません。

しかし、それならなぜ、一人にしてほしいのでしょうか?
「疲れる」「面倒」「話したくない」など、さまざまなフレーズが出てきそうです。

じつは、こうした気分は昼食時に限ったことではないかもしれません。「ああ疲れる」「うー面倒」「話したくないなあ」と思いながら、会議や打ち合わせに参加しているかもしれないのです。

そして結局、「仕事だから割り切ってやっている」という後ろ向きの姿勢に傾いていきます。

■ ランチタイムは貴重な情報交換の場

やむなく一人ランチをしている人がたくさんいることは百も承知ですが、極論すれば、**一人ランチの社員が多い会社は社内コミュニケーションが不十分だったり、社員が全力を出し切っていなかったりする**おそれがあります。

これだけ社会の動きがめまぐるしいと、勤務時間内にゆっくり話すことすら難しくなってきます。社会全体のスピード化によって、職場

でのコミュニケーションに支障が出る場面も珍しくありません。上司も部下も目の前の仕事に追われ、雑談はおろか、仕事について相談する時間をとるのも容易ではないからです。

　皮肉っぽい言い方をすれば、一人ランチの社員の多い会社はヒマだともいえます。なにしろ、多忙なビジネスパーソンは、ランチタイムもビジネスミーティングにあてる時代なのです。

■仕事の成果を上げる３つの方法

　情報化社会とは情報量の多い社会です。このことが仕事量の増大につながっていることはほぼ間違いないでしょう。

　そもそも、コミュニケーション（情報）絡みの業務は思いのほか、多いはずです。NPO法人日本タイムマネジメント普及協会の統計データによれば、業種を問わず仕事の60％以上を占めています。

　したがって、コミュニケーション業務をいかにうまくさばくかで、仕事の成果は大きく変わってきます。

　仕事を早くするには、コミュニケーションを早くする。仕事の量を増やすには、コミュニケーションの量を増やす。仕事の精度を上げるには、コミュニケーションの精度を上げる――。

　つねに、こうした意識をもっていてほしいものです。そうすることが、仕事力を高める近道なのです。

□ 一人ランチをする社員が多くないか？

□ コミュニケーションによって仕事の成果が大きく左右されることを理解しているか？

□ コミュニケーションスキルを高めているか？

04 「床」に向かって挨拶していないか?

　新入社員研修で必ず習うのが挨拶のしかた。お辞儀の角度や頭を下げている時間などを細かく指導されます。
　しかし、挨拶はビジネスマナーにとどまらず、仕事のさばき方につながる重要なスキルであることを理解しておかなければなりません。

■ 名前を呼んで挨拶しているか?

　タイムマネジメント先進国のイギリスでは、毎朝「グッモーニング、タロウ」などと、ファーストネームをつけて挨拶するのが通例です。
　日本人なら「おはよう」、または「おはようございます」ですませるところを、名前を呼び合って挨拶を交わすのです。たいてい、目上の人に対してもファーストネームで呼びかけます。
　これは、日本語と英語という言語の違いからくるものかもしれませんが、ビジネス・コミュニケーションにおいては、主語・述語・目的語がはっきりしている欧米の言語のほうが勝っているようです。
　考えてみてください。心のこもらない挨拶で、「課長ぅおはようございますぅ」とは言えないはずです。「課長!」と声をかけるときは、多かれ少なかれ、親愛の情が込められているのではないでしょうか?
　逆説的に考えれば、相手の名前を呼びかけないで挨拶するのは、心が込められているかどうか、怪しいのものです。単に儀礼的な挨拶なのかもしれません。
　深々と頭を下げて「ありがとうございます」と言われても、ちっともうれしくないことがあるのは、おざなりな挨拶であることを感じ取っているからでしょう。挨拶している人は、ビジネスマナーを忠実

に守ったつもりでしょうが、じつは「床」に向かって挨拶しているようなものなのです。

反対に、**相手の目を見て、名前を呼びかけながら挨拶するだけで、コミュニケーションの「回線」が強固になり、心が通じ合えるように感じる**のではないでしょうか？

■挨拶はコミュケーションの基本

某アパレル企業の社長は、社内で社員とすれ違うと、たいてい「○○さん、元気？」とか「○○君、今日はキマってるね」と、相手の名前を呼んで声をかけていました。

この会社は関連会社を含めると2000名近い社員を抱えていたので、社長が社員一人ひとりの名前を覚えていることにも驚きました。

しかし、社長室に招かれたとき、その謎が解けました。なんと社長室の壁面いっぱいに、社員の顔と名前が貼り出されてあったのです。

仕事で成果を上げるためにコミュニケーションスキルが欠かせないことは、これまで繰り返し述べてきました。そして、挨拶はコミュニケーションの基本。まさにこの社長は、挨拶をコミュニケーションの基本スキルと位置づけ、自ら実践していたわけです。

日々、社員の間で交わされる挨拶にも、組織力を見極めるヒントが隠されています。

- ☐ 相手に視線を合わせて挨拶しているか？
- ☐ 社内でも名前や肩書きで呼びかけて挨拶しているか？
- ☐ 挨拶をコミュニケーションととらえているか？

05 仕事を抱え込む社員は頼もしい?

あなたの職場には、仕事を抱え込んで悪戦苦闘している人はいませんか?

仕事を抱え込むという状況には、2つのパターンが考えられます。

ひとつは、その人の積極性のあらわれとして評価できるケース。やる気が旺盛で責任感が強いと、つい仕事を抱え込んでしまいます。

もうひとつは、本人のやる気や責任感とは関係なく、人手が足りない、業務量が多い、突発的な仕事が多い、処理のしかたが間違っているといった理由で、いつもバタバタしているケースです。

どちらの場合も、なんとか一人でこなしている間は、とくに問題がないように見えます。トラブルが発生してはじめて、本人や組織の抱える問題点が浮き彫りになるという厄介な病弊です。

■ チーム崩壊の時限爆弾を抱える

精神的にも肉体的にもよほど強靭でなければ、無理を重ねるわけにはいきません。仕事の抱え込みは、気づかないうちにストレスをため込んでいることが怖いところです。

この問題を一人で解決できる人は、仕事の達人といってもよいでしょう。自分を客観的に見て、仕事の効果的な進め方を判断できるからです。状況に応じて「仕事を人に任せる」「実施時期をずらす」「そのまま進める」「やめる」という選択肢を使いこなせるのです。

しかし、なかなかそうはいきません。仕事を抱え込めば抱え込むほど、自分も周囲も見えなくなってしまいます。その結果、気力と体力でなんとか1日を凌ぐという悪循環に陥ってしまうでしょう。

仕事を抱え込む社員が多いチームは、チーム内でのコミュニケーションが不十分だったり、役割分担ができていなかったりするケースがほとんどです。

なんでもかんでも抱え込む社員が多いことは、一見頼もしく感じるかもしれませんが、社員がその重圧に耐えきれなくなると、一気にチーム崩壊に突き進むおそれがあります。

■ 生産性が低下する理由

では、仕事を抱え込みすぎると、どんな弊害が生まれるのでしょうか？「生産性の方程式」を用いて考えてみましょう。

仕事の生産性 ＝（量 × 質）÷ 投下時間

これを見てわかるように、生産性を向上するには「少ない時間でやる」「より多くやる」「より上手にやる」という3つの方法があります。

たくさん仕事を抱えているということは、必然的に個々の仕事への投下時間が少なくなるので生産性は上がるはずです。一人で無理をして頑張っている状態です。

ところが、実際は生産性の低下が懸念されます。なぜなら、**少ない時間でやるため「質」の低下が考えられる**からです。質の低下が、やり直しやクレームなどにつながれば、生産性は上がるどころか急落してしまいます。

☐ いつも特定の社員が仕事を抱え込んでいないか？

☐ 毎日、バタバタしている社員はいないか？

☐ 職場のコミュニケーションはスムーズか？

06 冷静な行動と熱き思いが成長のカギ

ビジネスパーソンが抱えるストレスの原因として、職場の人間関係をあげる人は少なくありません。上司や同僚との軋轢(あつれき)から転職を決意する人もいます。

しかし最近は、仕事の段取りをうまくつけることができず、先行きの見通しが立たないことが、ビジネスパーソンの大きなストレスになっているように感じられます。それは、複雑化した業務に「仕事のさばき方」のスキルが追いついていないからではないでしょうか？

■「理論」という鎧(よろい)を身にまとう

ビジネス現場では、深刻なクレームから些細なもめ事まで、さまざまな問題に向き合わなければなりません。また、仕事が殺到してそれらをどのように消化すればよいのか、頭を抱えることもあるでしょう。

そんなとき、いかに冷静な対応ができるかが、ビジネスパーソンとしての評価を大きく左右します。

そこで、冷静に行動するための秘訣を紹介しましょう。

それは、思い込みや習慣に惑わされないことです。別の言い方をすれば、**「仕事のさばき方」であらかじめ理論武装しておけば、トラブルが襲ってきても余裕をもって対処できる**のです。

誰でも経験する「突発的な仕事」への対応で説明しましょう。

突発的な仕事のダメージについては、すでに述べたとおりですが、じつは突発的な仕事には魔力と呼べるようなパワーがあります。

たとえば、上司から厳しい声で指示を受けたとしましょう。すると、なにはともあれ、指示されたことに手をつけようとしませんか？

しかし、実際にはそれがすぐに処理すべきこととは限りません。むしろ、それまでの作業を中断することで、業務進行に混乱をきたしかねないでしょう。もしそうなったら、ドタバタ劇のはじまりです。

では、どうすればよいのでしょうか？

それは、仕事の優先順位を感覚的にではなく、論理的に把握しておくことです。

このような仕事への取り組み方を習慣づければ、若手社員でも経験不足を補うことができるはずです。

■「情熱」という剣を手に握る

冷静な行動をとることが、ビジネスパーソンにとって「必要条件」だとしたら、そこに「熱き思い」が加わることで「十分条件」を満たすといえるのではないでしょうか？

ただし、なにも熱血漢として振る舞うことをすすめているわけではありません。「心を燃やす」といえばわかりやすいかもしれません。

人が働く理由はさまざまです。はじめは金銭的な報酬を求めてがむしゃらに働くかもしれません。また、組織の一員として働くことに価値を見出すこともあるでしょう。大切なことはつねに情熱をもって、手抜きをせずに仕事に取り組むことです。それは、人間的な成長にもつながるはずです（P.97「マズロー欲求5段階説」参照）。

☐ トラブルに対して慌てふためいていないか？

☐ 「仕事のさばき方」を念頭において
　業務をこなしているか？

☐ 手を抜かないで仕事に取り組んでいるか？

07 仕事の腕前を確実に上げる方法

　専門知識・技術は、仕事を効果的・合理的に進める際に不可欠の要素です。これに異議を唱える人はいないと思います。
　しかし、「そのスキルを身につける方法は？」となると、いきなり「とにかく経験！」とか「習うより慣れろ！」といった精神論、根性論になってしまいます。

■ すべての経験を成長の糧にする

　そこで、短期間にスペシャリストになると同時に、なかなかうまくいかないナレッジマネジメントを軌道に乗せる方法を提案します。
　まず、右ページのシートでポイントを押さえながら、「とにかく経験！」「習うより慣れろ！」を実践してください。3カ月もすれば、スペシャリストへの道が確実に開けてきます。
　このシートは、PDC（Plan→Do→Check）サイクルの「C」を具体化したものです（P.66参照）。単なるチェックシートではなく、**成功要因と失敗要因という、「対極」を同時に把握する**ところにポイントがあります。
　この世に完璧な人間などいません。ですから、完璧な仕事というのも存在しません。たとえば、大きな契約を取れたとしても、その過程で改善できるところ（失敗要因）は必ずあります。
　経験を積むということは、多くの成功要因、失敗要因の事例をストックし、その活かし方を知っているということにほかなりません。
　ある大手家電メーカーの販売子会社では、このシートを会議で活用するチームがあります。週1回のチーム会議で各自が持ち寄り、発表

実績向上シート

業務名	
実施時期	
成功要因	1. 2. 3. 4. 5.
失敗要因	1. 2. 3. 4. 5.
進展ポイント	1. 2.
改善ポイント	1. 2.
新目標	

> どんな業務にも成功要因と失敗要因が存在する

> 成功しても冷静に、失敗しても落ち込まないようにそれぞれをしっかりとらえる

します。集まった情報はメンバー全員の共通の財産にすることができます。成功要因は自信と勇気につながり、失敗要因からは改善策を考えることができるのです。まさしく、ナレッジマネジメントです。

このチームは、ほかのチームと比較するとダントツ好成績を継続しています。

ナレッジマネジメントは、一人ひとりのナレッジをベースにしています。そこで、まずは一人ひとりがスキルアップし、スペシャリストになる仕掛けやしくみをつくるところからはじめなければなりません。そうしなければ、せっかくの意気込みも「絵に描いた餅」になってしまうでしょう。

主な業務について成功要因、失敗要因をつねにチェックしているか?

08 外回りとデスクワークの深い関係

「営業では、顧客とのフェースタイムが大事だ！」

コンサルタントのセミナーやビジネス・ハウツー書では、しばしばこの台詞に出くわします。しかし、本当でしょうか？

たとえば、社長や営業部長が「外に行け！」と号令をかけている光景をよく目にします。とても、社内でデスクワークをしていられる雰囲気ではありません。

しかし、やみくもに外回りをしても、営業成績はあまり伸びないものです。営業職員が上司のハッパになかなか乗れないのも、そんな現実を知っているからだと思います。

■ 外回りとデスクワークの適正比率

たしかに、顧客との時間は大切です。しかし、その時間を充実したものにするには「仕込み」が必要です。おいしい料理を出すには、しっかりとした仕込みが欠かせないのと同じなのです。

また、いくらおいしい料理を出しても、「後片付け」ができていなければ、次にまた、おいしい料理を出すことはできません。

外回りが料理なら、デスクワークはその仕込みと後片付け。つまり、外回りとデスクワークは切っても切れない関係にあるのです。

しかし、このことをきちんと理解しているビジネスパーソンは意外に少ないのが実情です。

一般的なビジネスパーソンの場合、会議や打ち合わせ、商談などの時間とデスクワークに費やす時間の比率は、だいたい６：４くらいに不思議と揃ってきます。営業職だと７：３くらいでしょう。

言い換えれば、営業職で外回りとデスクワークの比率が逆転していて、しかも営業成績がよかったら、すごい営業の秘訣があるか、すごい顧客をもっているかのどちらかでしょう。

　そんなケースは例外として、意識的に外回りとデスクワークのバランスをとっているかどうかは、仕事の腕前に直結します。

　このバランスがとれている社員は、自分で自分の仕事を管理できているので、表情には自信があふれ、話し方にも説得力があるはずです。それは、営業成績にも反映されるでしょう。

■朝一番のコミュニケーションタイム

　現場指導の経験則でいえば、朝一番で顧客や社内の関連部署と電話やメールなどでアポイントを取ったり、打ち合わせをする営業職員に成績の悪い人はまずいません。

　外回りは、すなわちコミュニケーションタイムです。昼間、確実にコミュニケーションタイムをつくれるかどうかは重要なポイントです。

　また、朝一番でコミュニケーションタイムをとることは、外回りより重要かもしれません。**仕事で成果を出すには、「他人と共同でやる仕事」と「自分一人でやる仕事」のバランスをとる必要がある**ことを認識し、自分でそのバランスをコントロールできるようにすることが大切です。

- □ 精神論を支えに外回りを続けていないか?
- □ 外回りとデスクワークのベストバランスを各自が見つけているか?
- □ 朝一番でアポ取りや打ち合わせをするか?

09 ルーティンワークとプロジェクトワークのさばき方

　日常業務には、ルーティンワークとプロジェクトワークが混在しています。

　ルーティンワークには、毎日のメールチェックや日報の作成はもとより、営業担当者ならルート営業、経理担当者なら伝票起票などがあります。

　一方、プロジェクトワークには、イベントの実施や新規事業の立ち上げなどがあります。突然、顧客から持ち込まれたクレームへの対応なども、単発的に発生したプロジェクトワークといってよいでしょう。

■ ルーティンワークとプロジェクトワークの違い

　ここで注意しなければならないのは、この2種類の業務には、それぞれに適した「さばき方」があることです。

　このことを日頃から意識的している人は少ないと思いますが、重要なポイントです。

　ルーティンワークは、毎回ほぼ同じ手順で作業を進めます。したがって、その作業に必要な投下時間（所要時間）はだいたい読めます。

　ところが、じつは具体的な内容まではよくわかりません。たとえば、伝票起票では、その作業手順はわかっていますが、具体的にどんな取引伝票が手元に届くのかを事前に知ることは難しいでしょう。

　これに対してプロジェクトワークは、これからしなければならない作業内容はだいたいわかります。

　しかしその半面、はじめて取り組む作業が多いため、所要時間を読むことは容易ではありません。

■ 時間配分のしかたにコツがある

では、それぞれの業務をどのようにさばけばよいのでしょうか？

ルーティンワークは所要時間が読めるので、細切れの時間を活用することができます。「**スキマ時間**」をむだにしないように、**普段から作業をリストアップしておく**とよいでしょう。

一方、プロジェクトワークには**自分が集中できる時間をあらかじめ確保しておく**必要があります。ただし、所要時間が予測しにくいため、延々と作業を続けるおそれがあります。時間を区切っておきましょう。

もし、新入社員がやすやすとプロジェクトワークをこなしたら大変です。「今年の新人はすごい！」と、社内の噂になること間違いなし。

ところが、ルーティンワークもろくにこなせないのに、上司や先輩からどんどんプロジェクトワークを任されたら、これもまた大変なことになります。長時間労働を強いられるのは間違いありません。プロジェクトワークには、一定のナレッジとさばき方の技術、それにコミュニケーションスキルが必要だからです。

ルーティンワークは、もともとプロジェクトワークだったものが、やり方や手順が整理され、誰でもできるようになったものという考え方もあります。したがって、ルーティンワークで基本を学んでから、プロジェクトワークに挑戦するとよいでしょう。

- ☐ ルーティンワークとプロジェクトワークの違いを理解しているか？
- ☐ スキマ時間を活用しているか？
- ☐ 自分が集中できる時間を確保しているか？

10 手帳のなかを見れば、仕事力がすぐわかる

　現在、多くの会社がグループウエアを導入しています。社員であれば、同僚や部下、あるいは上司のスケジュールを見ることができる時代になったわけです。
　そして、そのスケジュールをのぞいてみると、上手に仕事をさばいているかどうかも推測できます。

■「記憶」に頼るか、「記録」で管理するか?

　手帳の記入のしかたと労働時間には、面白い関係性があることがわかってきました。まだデータが少ないのですが、ポイントを紹介しましょう。

・仕事のスケジュールを記入(または入力。以下同じ)しない人より、記入している人のほうが労働時間は短い
・会議や打ち合わせしか記入していない人より、デスクワークの時間まで記入している人のほうが労働時間は短い
・ただスケジュールを記入している人より、1日の大事な仕事を時間まで記入している人のほうが、労働時間は短い

　一般的に、少ない時間で仕事を処理できる人のほうが、仕事ができると判断してもよいと思います。
　そこで、このデータをもう少し詳しく分析してみましょう。
　まず、何も記入してしない人は「記憶」で仕事をしているということになります。少ない仕事量ならこれでも対応できますが、ちょっと量が増えると「記憶」では太刀打ちできません。「記録」が必要になるのです。

手帳に予定の「おわり」の時間も記入している人

年収	あてはまる	どちらかというとあてはまる	どちらともいえない	どちらかというとあてはまらない	あてはまらない
400～500万円未満（400万円台）	7.4	20.3	19.3	23.2	29.9
1500万円以上	28.9	22.8	15.4	15.4	17.4

出典：プレジデント・gooリサーチ共同調査（2009年11月）

手帳の記録のしかたで、年収に大きな差が出る

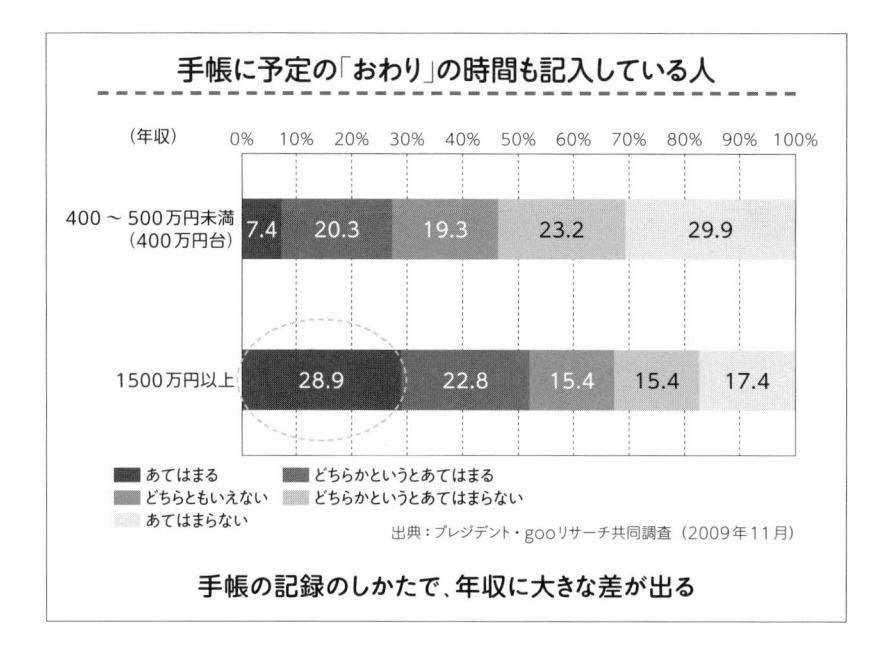

次に、その記録の中身が問題になってきます。

通常、**手帳には他人との約束（アポイント）を書き込みますが、それでは会議や商談などの「他人と共同でやる仕事」しか記録されない**ということになります。

しかし、デスクワークなどの「自分一人でやる仕事」もあります。こちらは「記録」ではなく「記憶」で管理されています。

前者は他人が絡むので迷惑をかけたくないという思いから、細心の注意を払い、「記録管理」。後者は自分のことなので、「記憶管理」。

その結果、記録管理の仕事ばかりになって「会議ばっかりで仕事にならん！」と嘆いているなら、おかしなことです。

「自分一人でやる仕事」を「記録」で管理しているか？

11 プレゼンテーションでスキルの総合力がわかる

　プレゼンテーションは究極的な仕事術といえます。本番だけでなく、調査、レポート作成、発表の練習など、事前準備を含めると大変なエネルギーを必要とします。
　プレゼンテーションは、「ナレッジ」と「コミュニケーション」の合体作業です。また、質の高いプレゼンテーションを行うには、「仕事のさばき方」によって成果を生み出していなければなりません。
　つまり、プレゼンテーションは、総合的な仕事力を判定するのに格好の材料なのです。

■ 主観と客観で情報を伝達する

　プレゼンテーションには、市場調査などを行い、データをまとめ、これまでの実績やこれからの推移を発表するものと、その実績や推移をもとにこれからやっていきたいことを提案するものがあります。
　どちらにしても事前準備の段階で、情報の収集・分析能力や論理的思考力、創造性などが問われます。
　また、発表の場では、自分の見解を正確に伝えることが絶対条件です。情報発信の基本は、主観としての自分の意見を述べるとともに、客観としての事実を相手に伝えることです。これを念頭に置いて、話を組み立てなければなりません。
　具体的には、相手がわかりやすいように、キャッチフレーズでフォーカスポイントを明らかにします。「一言でいえば」ではじめると話しやすいでしょう。また、客観的事実を数字や事例で表すことも大切です。

■ 相手の心に訴えかける

　しかし、これだけではまだ不十分です。プレゼンテーションの最終的な目的は、相手を動かすことだからです。いくら能弁でも、相手を「その気」にさせなければ、そのプレゼンテーションは失敗なのです。
　では、どうすればよいのでしょうか？
　ポイントは、相手のメリットをわかりやすく説明するとともに、伝え方を工夫することです。できれば、今後の行動計画も提案して、「はじめの一歩」を促すとよいでしょう。
　ここでとくに強調しておきたいのは、**聞き手は話の内容だけでなく、話し方に強くひかれることがある**ということです。
　プレゼンテーションは、話し手1人に対して聞き手が多数の「1：N」のコミュニケーションです。したがって、一人で多くの人の心に訴えかけなければなりません。これは、かなり難しいことです。
　では、「1：1」のコミュニケーションは？
　これは上司と部下のサシでの話し合いなどです。1：Nのプレゼンテーションが苦手な人は、まずは1：1のコミュニケーションからスキルアップを図るとよいでしょう。
　ちなみに、「N：N」は会議。また、「N：1」は特殊なケースですが、団交などがこれに当たります。

　☐ プレゼンの事前準備を念入りに行っているか？

　☐ 自分の見解を論理的に説明しているか？

　☐ 相手が興味をひく話し方をしているか？

3　社員のポテンシャルはここでわかる！

行動科学的組織論と人間性重視の経営

特別講義 これだけは押さえておきたい理論と学説❸

― D.マグレガーのＸＹ理論 ―

企業は人なり――。耳慣れたレトリックですが、企業の多くは規則中心で運営され、個人はピラミッド型組織のなかに埋没しているのが現状です。そこで、官僚主義的マネジメントから脱却して、人間中心の組織に変容するための理論――行動科学的組織論を紹介しましょう。

まず、代表的なのが、D.マグレガー（1906〜1964年）のＸ理論・Ｙ理論。マグレガーは**「命令と統制による管理体制」**をＸ理論として批判し、**「個人目標と組織目標の統合による経営（Ｙ理論）」**が望ましいと主張しています。

Ｘ理論は伝統的組織理論で、「権限は犯すべからざるもの」という考え方にもとづく中央集権的管理体制を指しています。そこでは、意欲もなく、責任感もなく、ただ命令・指示に従う人間像が描かれ、そのような人間を働かせるためには、「アメとムチによる管理」が必要でした。

一方、Ｙ理論は「権限は委譲される必要があり、上司と部下の関係は相互依存関係にある」とする考え方です。つまり、従業員が企業の繁栄のために努力することによって、各自の目標を「最高に」成し遂げられるような条件をつくることが必要であり、企業目標と従業員一人ひとりの欲求や目標をはっきりした方法で調整できれば、企業はもっと能率的に目標を達成できるはずであるというものです。

この考え方の根底には、「人は環境によって成長する」という人間観があります。そして、管理者が遂行

しなければならない仕事の1つは、職場の環境を整えることであり、このことによって自然に人間は意欲と責任をもって仕事に取り組むとしています。つまり、A.H.マズローの「欲求5段階説」における「自我欲求」「自己実現欲求」を尊重する理論なのです（下図参照）。

マグレガーはY理論の実践策として、「スキャロンプラン」を紹介しています。これは、労使協調に深い関心を抱いていたJ.スキャロンによって提唱されたもので、労使協力の生産性向上運動です。

スキャロンプランは、2つの構造（原価引き下げ方式、参加型提案制度）により企業と個人の目標を満たす考え方で、Y理論の実践として、多くの企業に受け入れられました。

また、成果配分では、個人別奨励ではなくメンバー全員に配分されるのが特徴です。もし、それが公正だと認められれば社員のやる気をかきたて、社内での競争は最小になり、業界で他社との競争力が飛躍的に増大すると述べています。まさに成果主義の正反対です。

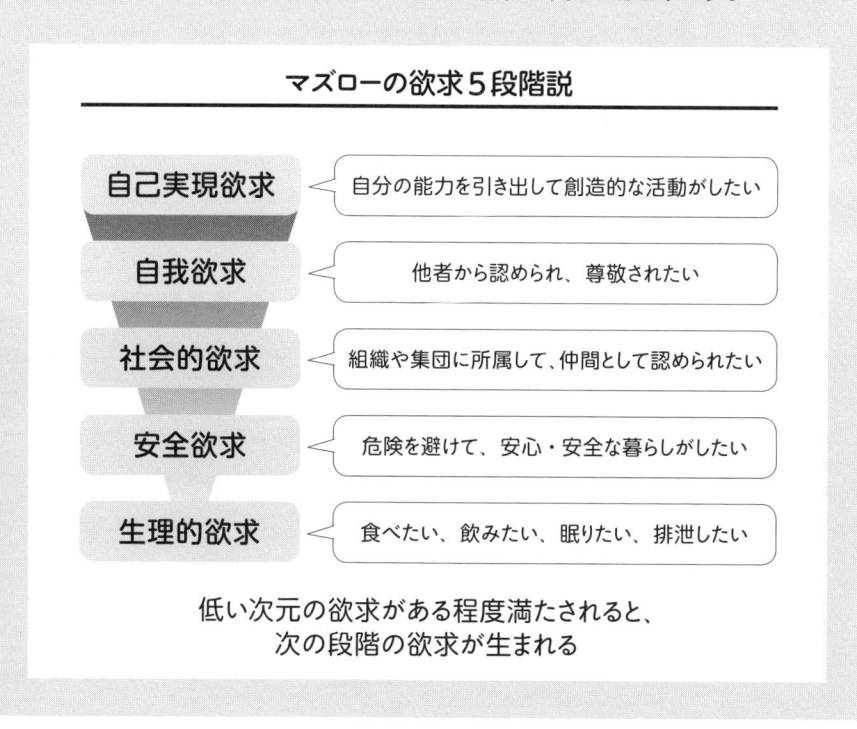

マズローの欲求5段階説

- 自己実現欲求 ― 自分の能力を引き出して創造的な活動がしたい
- 自我欲求 ― 他者から認められ、尊敬されたい
- 社会的欲求 ― 組織や集団に所属して、仲間として認められたい
- 安全欲求 ― 危険を避けて、安心・安全な暮らしがしたい
- 生理的欲求 ― 食べたい、飲みたい、眠りたい、排泄したい

低い次元の欲求がある程度満たされると、次の段階の欲求が生まれる

さらに、企業の目標に向けて努力を傾注することによって高次の欲求を満たしていく豊富な機会が与えられます。職場には委員会組織があり、誰でも自由にアイデアを出すことができ、優れたものは採用されるのです。しかもこの制度は、誰もが参加できるように、職場で必要なときに5分間くらいメンバーが集まるという、極めて柔軟な運用がなされています。

F. ハーズバーグの動機づけ・衛生理論

ハーズバーグは職務上のどんなときに「満足したか、不満であったか」を調査し、「満足の要因」と「不満の要因」が異なることを発見しました。満足の要因は動機づけに関係することから「動機づけ要因」、不満の要因は仕事への動機づけには関係がなく、不満を予防する意味しかもたないことから「衛生要因」と名づけられました。

動機づけ要因には、仕事を成し遂げたときの「達成感」や仕事の結果に対する「承認」、または「仕事そのもの」、あるいは「責任・昇進・成長」などがあります。一方、衛生要因としては、「会社の方針と経営」「監督」「監督者との関係」「作業条件・給与・同僚との関係」などがあげられます。

ここで重要なのは、動機づけ要因を与えることにより、満足を高め、モチベーションを向上させることができるけれど、**衛生要因を改善することで不満は解消できても、それがモチベーションを高めることにつながるとは限らない**ということです。

ハーズバーグは、メタファ（暗喩）として動機づけ要因を視覚、衛生要因を聴覚にたとえ、それまでの「満足の逆は不満」という一元的な考え方から脱却して、二元的に人事管理を行わなければならないと提言しています。つまり、従来の人事管理では、給与や福利厚生などの職場の物的環境の整備に力を注いでいましたが、それだけではなく、人間の高次の欲求に応えるための方策が必要であると主張したのです。

この理論によって、「職務充実」という概念が広まり、ハーズバーグは「職務充実の父」と呼ばれるようになりました。

　具体的には、職務を通じて精神的成長をもたらすように、まず職務の幅を拡大（単能的仕事から多能的仕事へ転換）し、それから徐々に業務の遂行に必要なマネジメント・サイクル（計画→組織化→実行→調整→統制）をチームの責任者やメンバーに付与し、仕事のしくみを変革することが必要です。

　言い換えれば、職務充実とは現場に権限と責任を与えることによって、自我欲求・自己実現を充足しようとする試みです。ファイヨールの考え方の拡大であり、従業員が管理者としての機能を果たすこと、つまり「すべての従業員は管理者」になるのです（P.66参照）。

R.リッカートのマネジメント・システム論

　R.リッカートは、組織には数字だけで把握できない多くの要因が絡

リッカートのシステム

組織のタイプ	システム1 独善的専制型	システム2 温情的専制型	システム3 相談型	システム4 集団参画型
原因変数	トップダウン・ワンマン型リーダー	説得型リーダー	権限委譲型リーダー	サポート型リーダー
媒介変数	恐怖感、不信感	疑心暗鬼	妥協と納得	オープンハート
結果変数	高い欠勤・離職率	長期的な生産性低下	生産性上昇、スクラップ減少	高業績、低い欠勤・離職率

み合い、時間的ずれをもってあらわれるものであると指摘し、定期的・継続的に組織を測定する必要があると提言しています。

ただし、そのためには理想とする組織の型が必要です。そこで、組織のスタイルをシステム1（独善的専制型組織）、システム2（温情的専制型組織）、システム3（相談型組織）、システム4（集団参画型組織）の4つに分類しました。理想のシステムとしてはシステム4であり、システム1からシステム4は連続した尺度としてとらえられています。そして、組織の現状がどこに位置しているのか、そのポジショニングを明らかにすることで、問題点と解決策を見つけることができるとしています。

前ページの図をご覧ください。ここにある「原因変数」は、管理者のリーダーシップ行動、組織構造、経営方針などのことで、「媒介変数」「結果変数」に影響を与えるものです。媒介変数は、組織の内的健康状態をあらわすもので、コミュニケーションの状態、モチベーションの程度、意思決定の能力を指します。結果変数には、財務データ、欠勤度、退職の多寡、ロスの程度、生産性の高さなどがあります。

では、理想のマネジメント・システムであるシステム4（集団参画型組織）の哲学や運営原則はどんなものでしょうか？

リッカートは「**リーダーはつねに部下をサポートし、メンバーを意思決定に参加させ、組織の存続を図るために高めの業績目標を掲げることが必要である**」と述べています。なぜ、高めの業績目標の設定が可能なのでしょうか？　それは、システム1や2が上司からの一方的な押しつけで業績目標が設定されるのに対して、システム4ではメンバーの参加によって設定されるからです。まさにマグレガーが提唱したY理論の具体的展開といえるでしょう。

（加藤茂夫）

【参考文献】
『企業の人間的側面』D.マグレガー（高橋達男訳）　産能大学出版　1966
『人間性の心理学』A.H.マズロー（小口忠彦監訳）　産能大学出版局　1971
『能率と人間性』F.ハーズバーグ（北野利信訳）　東洋経済新報社　1976

EPILOGUE

「バルーン型組織」と「仕事のさばき方」で会社が変わる

[徹底討論] 加藤茂夫 ● 行本明説

なぜ、組織は硬直化してしまうのか？ 社員が働く喜びを実感できない原因はどこにあるのか？ 閉塞感を打ち破り、組織と個人の「歯車」を噛み合わせるための「処方箋」を解き明かす。

豆腐屋の跡取りが経営学を志す

　　　　組織論のエキスパートである加藤茂夫（以下、加藤）と仕事術でフロンティアを切り開いた行本明説（以下、行本）は、それぞれの専門領域で研鑽を積んできた。まずは、その出会いを振り返える。

加藤　私の実家は札幌で豆腐屋を営んでいました。良質な地下水と大豆を使っており、評判のよい店でした。戦後の物資のない時代、店先にズラッとお客が並んでいたのを覚えています。私も「将来は北海道一の豆腐屋になりたい！」と、幼少の頃から家業を手伝っていました。市場から注文あれば自転車に豆腐を積んで持って行くなど、商売はもともと好きだったのです。

　　　　小学校から中学校、高校へと進学したあと、専修大学経営学部に入学。たちまち、優秀な成績で授業料免除の特待生になる。2年生のとき体調を崩して3カ月の入院生活を強いられるが、3年生になって新設のゼミに入り、経営学の面白さに開眼する。

加藤　リーダーシップや行動科学の講座をもっていた新任教員のもとで学んだのち、明治大学大学院で本格的に人間関係論や組織論に取り組みました。
　大学・大学院でリッカート、マグレガー、バーナードなどを学んだおかげで、いまの研究スタイルができあがりました。つまり、私の専門は組織論。それも人間中心の理論が大好きなんです。豆腐屋？　ドクター試験に不合格だったら家業を継ぐつもりでしたが、合格してしまいました（笑）。

　　　　大学時代のゼミの教官は、日本におけるマーケティングリサーチの草分けともいえる日本リサーチセンターを経て、専修大学の教員に転身した異色

の研究者。集団力学（グループダイナミックス）を日本に紹介した三隅二不二（みすみじゅうじ）とは、九州大学の同窓でもある。加藤は大学での学究生活を楽しみながらも、研究室に閉じこもってはいなかった。

加藤 たまたま、中小企業近代化審議会（中小企業近代化促進法にもとづき設置された政府の諮問機関）の専門委員になったことで、中小企業と関わるようになりました。中小企業を底上げするため、中小企業経営者に話を聞いたり、工場を見学させてもらったりしたのです。豆腐屋という零細企業がルーツである私にとっては、うってつけのフィールドでした。

同時に、大学時代から学んでいる理論の根本にある「人間重視の経営」とも重なります。「給料もよくないのに、頑張ってよい会社にしようとするのはなぜか？」という命題に向き合うことができました。

経営学という理論をバックボーンに企業の実態調査を進める。

加藤 ありがたいことに業界団体から依頼される仕事もあり、北海道から沖縄まで、全国あちこちに行かせてもらいました。業界は違ってもベースとなるのは組織であり、その組織を動かすのは人。大学で教わったことは、どの業界にも通用することだと実感しました。業界を超えて大切なことは何なのかを理解できるようになったのです。

コンサルティングのノウハウを理論化

一方、行本は大学卒業後、大手不動産会社に就職。約10年間の勤務ののち、総合コンサルティング会社を開設する。1989年、英国で開発されたセルフマネジメント手法「A Time」のコンサルティングを開始。その後、タイムマネジメント（仕事術）というフレームのなかで、独自の理論体系をつくり上げていった。

行本 英国発祥の「A Time」のセミナーを受講したとき、東洋的なところが気になると同時に、「これは使える！」と直感しました。私自身、サラリーマン時代には残業王だったので、「その頃、この手法を知っていたら、全然違っていたのになぁ」と悔やむほどでした。

ところが、周囲の人にはなかなか理解されません。「どうして？ A Timeのよさを伝えるにはどうすればよい？」と思案しました。A Timeは、ヨーロッパの名だたる企業が導入している手法なので、その導入例を紹介するのも1つの方法でしたが、本質を伝えるには理論化が必要だと考えました。

> しかし、A Timeの「本家」と理論をすり合わせるのは容易ではない。ときには、英国本社と激しい議論も交わした。その結果、紆余曲折はあったものの、日本の実情に合わせた、独自の理論が徐々に固まっていく。理論を現場で検証する加藤に対して、行本は実践的ノウハウを理論化したのである。

加藤 行本さんが提唱するタイムマネジメントの考え方をはじめて聞いて、「仕事はこうして進めていかなければいけないんだ！」と痛感しました。また、そこに理論的なバックグランドが重なれば、非常に効果的だろうと思いました。とくに印象的だったのは、「自分へのアポイント」。スケジュール帳の空欄にどんどん予定を入れるのではなく、「この日の、この時間帯は自分の時間にする」と、あらかじめ自分の時間を確保することが大切だという指摘です。「本当にそうだなぁ」と納得したものです。

> 仕事は一人では成り立たない。そのため、無意識のうちに他人の都合を中心に仕事を進めがちだ。しかし、他人との約束ばかりに注意が向けられると、自分がどこを目指しているのか、わからなくなるおそれがある。

行本 その頃はまだ、「仕事のしくみ」として体系化できていませんで

両極併存発想でわかる「仕事のしくみ」（抜粋）

両極併存		ポイント
ひとりで やる仕事※	他人と共同で やる仕事※	どんな仕事もこの２つに分類できる。一人でやる仕事とはデスクワークなど。他人と共同でやる仕事とは会議や商談など
仕事の はじめ※	仕事の おわり※	仕事には必ず「開始」と「期限」がある。見落としてならないのは、開始は自分、期限は他人とコントロールするということ
自分への アポイント	他人との アポイント	アポイントは他人との約束だと錯覚している人が多い。「自分一人でやる」仕事の時間を事前にブロックすることが大切
やる気※	やり方※	「やる気」はあってもなかなか仕事に取りかかれないのは、「やり方」がわからないから。仕事では、いつもこの２つをセットで考える
仕事の質※	仕事の量※	仕事の量は通常、ノルマなどによって組織が管理する。仕事の質は個人の意識しだいで変わる。「質」を高める努力を怠ってはならない
情報の公平化	情報の共有化	「やる気」を喚起する「戦略情報」については情報の公平化が不可欠。「やり方」についての「戦術情報」は情報の共有化を図る
いまやる 仕事	あとでやる 仕事	仕事の優先順位を考えるときの重要な尺度。ただし、一番大事な仕事は「あとで、自分でやる仕事」であることを忘れてはならない
予定の仕事	突発の仕事	突発の仕事＝すぐにやるべき仕事とは限らない。また、仕事の先読みや事前予約で突発の仕事によるダメージを抑えることが可能
業務処理	情報処理	業務処理は自分一人でやるデスクワークなど。情報処理は他人が関わるコミュニケーション業務。この２つの系統に分けて考える
ルーティン ワーク	プロジェクト ワーク	ルーティンは投下する時間が読め、プロジェクトはとるべき行動が事前にわかる。２つをクロスオーバーさせれば生産性が上がる
パフォーマンス	リソーセス	パフォーマンスは利益の拡大、リソーセスは組織運営。往々にしてリソーセス分野の課題を見落としがちなので注意する

※印がついている項目は仕事のしくみを考えるときの基本原則

したが、「自分へのアポイント」が重要であることは認識していました。ノウハウの理論化は、まさにそこからスタートしているのです。

行本は、「仕事を科学する」をポリシーに調査研究を重ね、「両極併存」の発想で仕事のしくみを解き明していく。

「バルーン型組織経営」の誕生

「経営学は実践されてはじめて価値が出る」が持論の加藤は、行本のコンサルティング手法を高く評価する。同時に「よい組織とは何なのか？」というテーマを追求するなかで、1つのモデルを探り当てた。「バルーン型組織」である。

加藤 じつは、十数年前、プロサッカーの川島永嗣選手の兄が私のゼミ生でしたね。当時、「弟が高校を出て、Jリーグに入って……」などと話してくれていましたね。そんななかで、「ところで先生、風船のような組織っていいですよね」とポロッと口から出たのです。その一言から発想が広がっていきました。

風船、つまりバルーンですが、バルーン型組織とは、いくつもの風船があって、それらを経営者がたばねています。経営者の思いやビジョンは、「糸」を通じて伝達されるのです。一方、バルーンは少人数の小さなチームであり、それぞれが目標をもってある程度、自由裁量で動いている。そんなイメージです。

たとえば、支店が10店舗あれば、10個のバルーンがある。経営者はそれらをたばね、会社の方針を伝える。その一方で、10個のバルーン（支店）では支店長以下、組織メンバーが知恵を出し合って創意工夫することができる。バルーンは、支店以外にも営業所や子会社、事業部、プロジェクトチームなどのさまざまな「組織」に当てはめることができる。

加藤　これまで企業の組織構造については、効率性の観点からさまざまなタイプが考えられてきました。たとえば、ピラミッド型組織はその典型でしょう。また、事業部制、カンパニー制などの導入も組織改革として注目されました。しかし、いま最も論じたいのは「効率性の追求」と「人間性の重視」との調和です。そこで着目したのが、中小企業の強み。つまり、「小回がきく」とか、「人を大切にする」という特性を備えた組織構造が、中小企業のなかにあるのではないかと思いついたのです。

　企業経営では、ヒト、モノ、カネ、情報という経営資源を有効に活用しなければなりません。とくに人材の活用・育成は、経営環境がめまぐるしく変化するなかで大変重要になってきます。魅力的な中小企業では、「従業員を信頼し、大幅な権限委譲によって仕事を任せ、少々の失敗は寛容する」という経営者の態度が、人材の活用・育成につながっています。

なぜ、自律型組織でなければならないのか？

加藤　従来、コンビニもスーパーも百貨店も、中央集権型で店舗運営はすべて本部でコントロールしようとしていました。ところが、現場を知らない人が品揃えをしたため、客離れが起きた。そこで最近は、地域特性に合わせて品揃えをするようになってきました。それぞれの店舗が自律的に動ける領域が少しずつ広がってきたのです。

行本　10年ほど前、某信用金庫で「自律型支店経営」を推進するためのコンサルティングを行いました。当時、バルーン型組織経営という言葉を使ったわけではありませんが、よく似た取り組みでした。

　支店は80店舗。つまり、理事長は80個の風船をたばねているわけですが、それぞれの風船が自律的に動かないと、経営が立ち行かないというのです。リテールバンキングで営業区域は限定されているもの

の、北部は工業地帯、南部は住宅街で地域によって客層がまったく異なります。したがって、各支店は全社的な営業方針に従いつつ、担当エリアの地域特性に合わせて営業戦略・戦術を工夫しなければなりません。そうしないと、生き残れない時代なのです。

　　　行本は約6年の歳月をかけて、本部機能を抑えた自律型支店経営をスタートさせた。ところが、思わぬ障害が待ち受けていた。

行本　スタートしてから約2年後、サブプライムローン問題が勃発しました。このハリケーンのようなトラブルに見舞われては、「バルーン」の「糸」も切れそうになります。そこで、糸を太くしました。緊急避難的に中央集権的な体制にしたのです。

加藤　そのような状況では、糸を太くしないといけませんね。非常事態では、トップダウンの意思決定が必要なこともあります。「糸が切れた凧」のようになっては、元も子もありません。糸を太くしたからといって、従来のピラミッド型組織に逆戻りしたわけではないと思います。信頼関係という糸でつながっているからこそ、トップダウンで危機管理ができるという解釈も可能だからです。

　ただし、風船の糸が針金になってはいけない。支店の自律的な活動を妨げてはならないのです。21世紀に存続・成長する企業の条件は、大企業も中小企業もベンチャースピリットを組織や個人に浸透させることです。それには、企業を「小さな組織」に分割し、自律的に動ける組織の連合体にすることが不可欠なのです。経営者はこのことをしっかりと認識するべきでしょう。

行本　付け加えると、組織改革に取り組もうとする企業は、経営者のチャレンジングな精神を社風や企業文化として根づかせる必要があるでしょうね。

バルーン型組織のイメージ

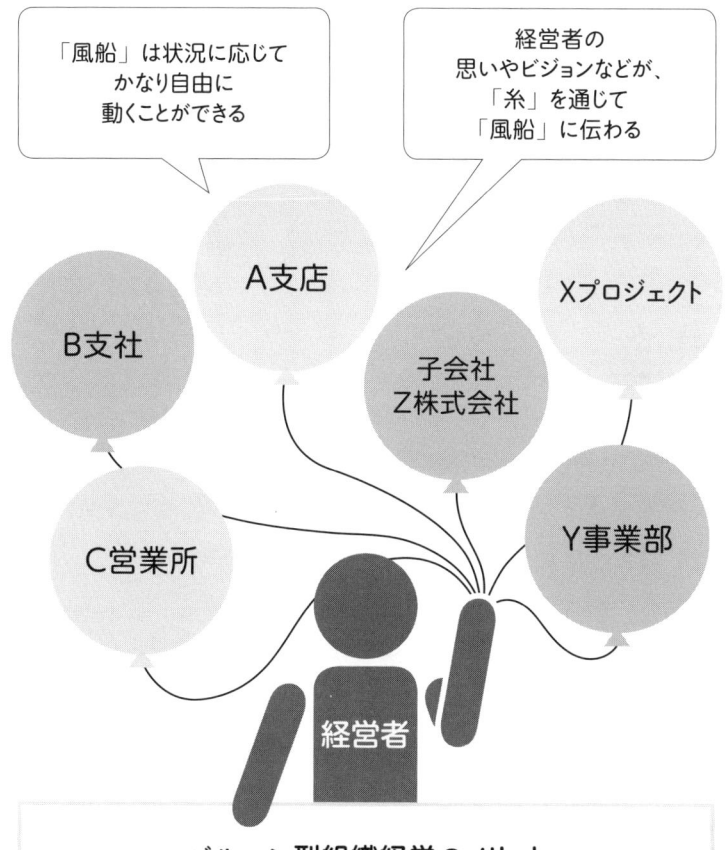

「風船」は状況に応じて
かなり自由に
動くことができる

経営者の
思いやビジョンなどが、
「糸」を通じて
「風船」に伝わる

- A支店
- B支社
- Xプロジェクト
- 子会社 Z株式会社
- C営業所
- Y事業部
- 経営者

バルーン型組織経営のメリット

1. 自由に発想し、行動できる少人数のチームが
   ユニットなので、小回りがきく
2. 自律型組織の連合体であるため、
   全社的な理念やビジョン、価値観を共有できる
3. 組織メンバーは創造的な活動を通して、
   自我欲求や自己実現の欲求を満たすことができる

「ベンチャースピリット」でバルーンを上げる

加藤 私がバルーン型組織経営を提唱するのは、日本人の国民性にもマッチしていると考えるからです。たとえば、日本の学生は米国の学生に比べると起業家精神に乏しい。学生にベンチャー企業をつくりなさいとアドバイスしたとしても、米国並みになるとはとても思えません。ほとんどの学生は就職して、企業という組織のなかで頑張っていこうとします。それなら、プロジェクトチームなどの「バルーン」のなかで自由に仕事をさせ、そこでベンチャースピリットを発揮してくれればいい。

　ベンチャースピリットはバルーン型組織経営を支える原動力である。

加藤 人はリスクをとってチャレンジするという気持ちをもつことによって、自分の成長を実感できます。これは企業に限らず、学校や地域社会など、さまざまな集団においていえることですが、とくに企業では、社長から末端の社員まで、組織メンバーの全員にベンチャースピリットをもってほしい。そして、一人ひとりに「あなたがいなければ、このチームは成り立たない」というメッセージを伝えてもらいたい。このメッセージがベンチャースピリットを磨き上げ、メンバー間に信頼感を醸成するからです。つまり、バルーン型組織経営で少人数のチーム（バルーン）を基本にしているのは、少数精鋭につながるからでもあるのです。

　もちろん、バルーン型組織経営は大企業でも実践できます。その場合は、バルーン型組織の相似形がいくつも重なり合うイメージです。すなわち、大きなバルーン型組織のバルーンのなかに小さなバルーン型組織をつくる。それを繰り返すわけです。

　組織論に「2：6：2の法則」がある。すなわち、企業では「2割のできる社

員」「6割の普通の社員」「2割のできない社員」でバランスがとれているという経験則である。しかし、バルーン型組織経営では、組織メンバー全員が「2割のできる社員」になることを目指している。

「仕事のさばき方」でバルーンを膨らませる

行本 たしかに組織には適正規模があります。ヒットラーのように、何十万人何百万人を相手にコミュニケーションできる人間はめったにいません。通常、「目が届く範囲」とか、「顔が見える範囲」とか、「名前と顔が一致する範囲」でないと、濃密なコミュニケーションは不可能です。

しかし、組織が小さいからといって、必ずしもメンバーの一人ひとりがうまく仕事をこなせるわけではありません。なぜなら、「やる気」があっても、「やり方」を知らなければ、仕事をうまくさばくことはできないからです。なかなか仕事に取りかかれないのは、やる気がないからではなく、やり方がわからないケースが多い。したがって、バルーン（チーム）のリーダーは、メンバーのやる気を高めると同時に、やり方もケアしなければなりません。

大切なのは、風船をヘリウムガスで満たしてプカプカ浮かせておくように、バルーンのなかに「仕事のさばき方」（やり方）を常時注入することです。そうしないと、せっかく上げたバルーンもすぐに萎んでしまうでしょう。企業がカンパニー制などを導入するのも、バルーン型組織経営にトライしている一例ともいえます。それがなかなか成功しない理由としては、バルーンのなかにいる人たちが自律的に仕事をしていないこともあげられるでしょう。

　自律的に仕事をするには、組織メンバーが合理的な「仕事のさばき方」を身につける必要がある。

行本　仕事のさばき方を教えるとなると、ヒットラーでも無理です。ヒットラーは民衆を酔わせることはできても、一人ひとりに銃の使い方を教えることはできないからです。つまり、組織において率先垂範で手本を見せるには、ある程度人数を絞る必要があるのです。その意味でも、組織には適正規模というものがあるでしょう。

　整理すると、自律的に仕事をするには、組織構造としてバルーン型が有効であり、その強みを引き出すには「仕事のさばき方」が不可欠。言い換えれば、バルーン型組織経営でこそ「仕事のしくみ」を科学的にとらえることが効果的なのかもしれません。そもそも、のんべんだらりと仕事をしている組織体制では、「考えながら仕事をする」必要がないのですから。

「情報の共有化」と「情報の公平化」

　加藤　これからは、安定志向を打破してイノベーションを起こす組織に再構築することがリーダーに課せられた重要な役割になると思いますが、イノベーションには情報の共有化も欠かせません。ところが、「イノベーションは競争によって生じる」といわれるなかで、組織内でもライバルを出し抜くために情報を隠そうとする傾向があります。

　行本　情報の共有化が進まない最大の原因は、じつはナレッジの不足にあるのではないでしょうか？　情報の共有化は、いわば「やり方」の共有です。ところが、メンバー一人ひとりに持ち寄るだけの「やり方」がない。日々安穏と仕事をしていて、ノウハウが蓄積されていないというのが現状でしょう。

　こんな場面を思い浮かべてください。日本酒を冷やで1合注文すると、升のなかのコップになみなみとお酒が注がれ、コップからあふれ出します。そのあふれた分が「共有化」できると考えればいいでしょう。ところが実際は、あふれ出るほどお酒（ノウハウ）はたまって

いないというわけです。

　「やる気」があっても「やり方」がわからなければ、仕事に取りかかれないが、それは裏を返せば「やる気」がなければ自律的に仕事をすることはなく、「やり方」を蓄積することも不可能であるということだ。

行本　じつは、「やり方」を向上させる「情報の共有化」は、「やる気」を高める「情報の公平化」がなければ、成り立ちません。いつでも、誰でも、どこからでも情報が取り出せるような環境を整備するのが、情報の共有化。一方、情報の公平化とは、同一の内容を、同時に、全員に情報発信することを指します。メンバーのやる気を高めるには、リーダーの依怙贔屓(えこひいき)は禁物だからです。

　情報の公平化は、情報を発信するリーダーの心構えといっていいでしょう。たとえば、社長からの一斉同報メールは情報の公平化に関わる問題です。社長からのメールが年に1回も来ない会社の社員はやる気をもって仕事ができるわけがない、というのが私の考え方です。事実、50〜100人規模の部門単位でデータをとると、部門長が一斉メールを発信している数と、部門の業績には正の相関関係があります。また、部門長が定期的に「今週、頑張れよ」などとメールを出しているところは、情報の共有化が進んでいます。

　メールの内容はどうでもいいのです。なぜなら、「やる気」を喚起できれば、それでいいのですから。

加藤　まさに、「理性に訴える分析より、心に訴える真実を示されたときに気持ちが変わり、行動変容が起きる」わけです。

行本　情報の公平化を進めるために導入を勧めるのがボイスメールです。なぜなら、メールよりも音声のほうがニュアンスや雰囲気が伝わりやすいからです。社長や部長の生の声のほうが心に響くでしょう。

情報の公平化と共有化は、戦略と戦術に関連づけることもできる。

行本 トップマネジメントが「情報の公平化」を踏まえて発信するのは戦略情報。それが理念とかビジョンにつながっていきます。一方、チームリーダーが「情報の共有化」のもとで具体的な行動計画を伝えるのは戦術情報。ところで、戦略がないところに戦術は生まれませんね。つまり、情報の共有化は情報の公平化が前提になるのです。

経営者がいま考えること、次世代に引き継ぐこと

加藤 企業は仲良しクラブではありません。社員一人ひとりが鍛錬したり、チームワークを強固にしたりして、苦難を乗り越えるパワーをつけていかなくてはなりません。そこで、業績と報酬を連動させるかが問題になります。つまり、個人の業績をどう評価するかということです。ところが、行き過ぎた成果主義は、情報や価値観の共有化によって培われた協働意識を崩壊させようとしています。

　一般的に組織内に信頼関係があれば、個人（自分）の報酬が高いか低いかはあまり気になりません。ところが、そうでないと関心は個人（自分）にシフトします。公平さが保てる、客観的な評価基準が用意されていればいいのですが、それは難しい。あとは、本人が納得するかどうかですが、そのカギを握るのは信頼関係です。

　J.スキャンロンは、「金銭的な報酬は全員に分配するほうがいい。自分がどれだけ頑張ったかは、自己充実（満足）で計ることができ、キャリアアップにもつながる。人間は多面的だから、経済的な動機だけで働くわけではない」という主旨のことを述べています。私もその通りだと思います。

行本 個人と組織の関係から考えると、成果主義がなじまない最大の理

由は、「仕事のしくみ」から隔絶していることです。なぜなら、仕事をして、一から十まで一人の手柄になることは、常識的にあり得ないからです。個人主義とか成果主義というのは、はっきりいって中世の錬金術や魔女狩りと同じ。21世紀の科学の時代に、「何をやってるんだよ！」という話にしか、私には思えません。

　経営者の方々には、もっと根性を入れて科学的に企業経営を行ってもらいたい。迷信で惑わされないで、自分で考えながら仕事をしてほしいと思います。

加藤　経営者にはもっと信念をもってほしい。「いまは苦しいけれど、みんなでもう少し頑張ってくれ」「3年後、4年後にはこういう会社にしたい。必ず実現する」などとビジョンや夢を語ってほしい。

　ところが、場当たり的経営になったり、社長の座に執着したりする人が多いような気がします。私利私欲ではなく、組織のためにひと肌もふた肌も脱ぐという気概がほしい。ベンチャースピリットをもって、自分の身を崖っぷちに置きながら、成長感を味わっていく。そうすれば、企業も発展していくでしょう。

　　　仕事のしくみと組織のしくみを変えていくことが重要である。

加藤　これからは、ベンチャースピリットに加えてボランティアスピリットが求められる時代かもしれません。

　はからずも、東日本大震災で日本人の心が少し動いたという感じがします。「自分一人で生きているわけじゃないんだ」と気づき、利他の精神が見なおされた。この気持ちを経済活動に生かせば、「カネ、カネ、カネ」のエコノミック・アニマルではなく、もっと世界に貢献できる活動ができるのではないでしょうか？

　D.マクレガーによって、「命令と統制による管理体制」（X理論）から「個人

目標と組織目標の統合」（Y理論）への転換が提唱された。さらに、L.フォスは、地域社会や国家、地球にまで広げた「オープンシステム」に企業の行動原理の軸を置く必要性を説いた（Z理論）。今後、人類の幸福や地球環境などの問題に経営資源の多くを投入する企業が「主役」に躍り出ることは間違いない。

加藤 いま、収益を上げつつ、社会問題を解決する「ソーシャル・ビジネス」が注目されています。最近、ハーバード大学教授のM,ポーターも、企業は社会のニーズや問題に積極的に取り組むことで社会的価値を創造し、その結果、経済的価値が創造されると語っています。そして、社会問題に対して慈善活動ではなく、あくまでも事業として取り組むことが重要であると指摘しています。

また、マイクロソフトの創設者であるビル・ゲイツは、「創造的資本主義」を提唱しています。人間は「自己の利益の追求」と「他人を思いやる心（利他心）」をもっており、それらに働きかけるシステムとして、1つは収益を上げるインセンティブ、もう1つは今日の市場原理から十分な恩恵を受けられない人々の生活をよくするというミッションがあるというのです。このミッションは収益に直結しないけれど、「社会的評価」を得ることになり、そこには素晴らしい人材が集結する可能性を秘めていると述べています。

自分の会社さえ儲かればいいというのではなく、ビジネスとして成立しながらも、社会に貢献する。ぜひ、こうした企業を誕生、発展させてほしいと思います。

（構成：メディアポート）

PROPOSAL

10年後は、ソーシャルベンチャーが主役になる

[緊急提言] 日本型経営モデルの復活

企業に課せられたミッションとは何か？
社会的存在として企業が存続・発展するためには、
この問いかけに答えなければならない。
そして、そこにはベンチャースピリットが求められる。

ソーシャル・ビジネスの先駆者

　BOP（ボトム・オブ・ザ・ピラミッド）という言葉があります。1日2ドル以下の生活をしている40億人の貧しい人々を指しています。
　このような貧困層に働きかけながら、自らも存続・発展する新しい形の経営として、ソーシャル・ビジネスが世界的に拡大の機運を強めています。従来の市場原理主義、利益拡大・追求主義の経営からの脱却です。
　一方で、私が長年研究してきた「心の見える企業」「自律的活動をするバルーン型組織」などのベンチャー組織論が、こうした新しい潮流のなかで少なからず貢献できると思い、ここに提言としてまとめさせていただきました。

　ソーシャル・ビジネスで一躍有名となったのが、グラミン銀行創設者ムハマド・ユヌスです。
　ユヌスは1940年バングラデシュのチッタゴンで生まれました。チッタゴン大学を卒業し、米国で経済学博士号取得、帰国後はチッタゴン大学で経済学を教え、経済学部長となりました。
　グラミン銀行のきっかけは、1974年に高利貸しから27ドルを借りた42名が返済に苦しみ、いつまでも借金に追われて自立できないで苦しんでいる現実を目の当たりにしたことです。
　グラミン銀行は、それまでにはなかった新しいビジネスモデルで、貧困層の救済と自立への支援を行っています。

　1976年、ユヌスはジョブラ村でグラミン銀行（グラミンとはベンガル語で田舎のとか村という意味）プロジェクトを立ち上げました。
　そして「貧乏人は信用できない」という社会風潮のなか、農村の女性を主な対象にしたマイクロクレジット（小口融資）というビジネス

モデルを考案し、1983年グラミン銀行は独立銀行となりました。

担保いらずで5人1組になって連帯責任を負う、1週間に1回少額の返済をするという取り決めで事業を展開し、2009年には70億ドルを760万人に貸し付け、従業員2万8千人を抱えるまでなりました。借り手の97％は女性で返済率は99.5％です。

こうした取り組みは高く評価され、2006年、ユヌスはグラミン銀行とともにノーベル平和賞を受賞しています。

自社技術で貢献する

グラミン銀行はマイクロクレジットの利用者に対して、自立への支援を継続的に行っています。

その一例を紹介しましょう。

ある農村の女性は26年前に2000タカ（約3000円）で牛一頭を購入し、ミルクを販売しました。その後も融資を受けることで牛を飼うことができ、5人の子供を大学までやり、家も購入しました。

マイクロクレジットによって、60％の人々が5年で貧困から抜け出せたといいます。マイクロクレジットの理念は、貧しい人も無限の能力・可能性をもっており、自分の人生を自ら切り開くことができるというものです。まさにベンチャースピリットであり、高い目標に挑戦する姿が見てとれます。

貧困からの脱却、障害者雇用、環境問題、ホームレス支援、途上国援助など、多元化した社会的課題の解決は、政府、市場、NPO、ソーシャル・ビジネス（社会的企業）がコラボレーションする必要があります。

そうしたなかで、社会的課題をミッションとしてとらえる企業が次々と登場しています。

たとえば、グラミン銀行とダノングループがそれぞれ出資し、2006年にグラミン・ダノン・フーズを設立しました。ソーシャル・ビジネス企業の誕生です。
　驚いたのは、パリにいたユヌスがダノングループの会長であるフランク・リブーに昼食の招待を受けたとき、その合弁企業の設立が即決されたということです。
　「ソーシャル・ビジネスとは何か？」「その理念は何か？」という質問にユヌスは答え、リブー会長は納得したといいます。双方のベンチャースピリットの高さと実践力に驚くばかりです。

　この合弁企業は、栄養不足の子どもに栄養価の強化されたヨーグルトを提供するのがミッションです。
　人口300万人のボブラに工場を建てました。まだ各家庭には冷蔵庫がないので48時間以内に配達しなければなりません。規模的には1日の生産高が6万個と少ないのですが、大切なことは企業だけが成果を上げるのではなく、農民の乳牛の乳の安定供給が確保され、ヨーグルトの訪問販売に当たる販売員（女性）の生活が安定することです。
　1個6タカ（9円）の1割が販売員の儲けとなります。
　一方、グラミン銀行とダノングループは、将来、50カ所に工場を建設し、投資資金の範囲を超えて利益配分も配当も取らないことに合意しました。

日本でも動き出したソーシャル・ビジネス

　ソーシャル・ビジネスとしては、このほかに2007年、グラミン眼科病院建設し、最先端の医療技術で白内障の手術を行っています。貧しい人々は白内障の手術を受けることができず、失明している現状から設立にこぎつけたといいます。
　手術代を払える人からは25ドルをもらい、貧しい人はタダにする

ということで採算を合わせています。

日本でも2010年7月、ユヌスと柳井正は「グラミン・ユニクロ」に合意しました。資本金は10万ドル。ファーストリテイリングの生産現地法人が99％を出資し、1％をグラミングループが出資しました。

バングデッシュで生地の調達から生産、販売まで手がけるといいます。3年後に1500人の雇用を目指しています。

柳井氏は「その国にとってよい企業でなければ、その国で生き残れない」と経営者らしい表現で意気込みを語っています。

一方、ユヌスは1着平均1ドルで貧困層に販売することに対して、「寒い冬に衣料が足りず苦しんでいる人を助けることにもなる」とそのソーシャル・ビジネスに期待を寄せています。

日本におけるバングラデッシュへのソーシャル・ビジネスの展開としては、株式会社マザーハウスがあります。

社長の山口絵理子は1981年埼玉県生まれ。小学校時代はいじめに会い、中学校時代は非行少女。柔道に熱中し、男子柔道の名門である工業高校で3年間を過ごしました。

その後、慶応義塾大学総合政策学部に進学し、在学中にバングラデシュを訪れ、その貧困と搾取に驚愕します。
「麻袋などに使われるジュート（麻）でバッグをつくり、現地の生産者が誇りとプライドをもてるようにしたい。単なるフェアトレードではなく……」

慶応義塾大学総合政策学部卒業後、バングラデシュ BRAC 大学院で開発学を学びました。そして2006年、マザーハウスを起業。バングラデシュ産のジュートや、ネパールの伝統工芸「ダッカ織り」を用いたバッグを現地生産し、日本国内で販売しています。

2008年売上2億5000万円、2010年度は約4億円の売り上げを見込みます。直営店は6店舗になり、ソニースタイルやエイチ・アイ・エスなど、有名企業とのコラボビジネスも展開しています。話題の女性

起業家の1人です。

　発展途上国におけるアパレル製品や雑貨の企画・生産・品質指導および先進国における販売を行っています。

　社長の山口氏の次のようなメッセージは、ベンチャースピリットの大切さを表しています。決して諦めないという熱き情熱を感じます。
「2006年3月から始まったマザーハウスの夢への挑戦。短い期間に何度も味わった裏切りや、絶望や、流した涙。信頼してきた工場からの裏切りは私にとって完全に消えることのない傷となりました。しかし、それでも理想とする社会に対する情熱は、ふつふつと胸に中に湧いていて、絶えることはありません。

　いつか東京、ミラノ、パリ、ニューヨーク、颯爽と歩く女性がもっているかわいいバッグのなかに『Made in Bangladesh』のラベルがある、そんなワンシーンの実現に人生のすべてを賭けたいと思いました。途上国の現状を変えるのは援助でも国際機関でもなく、私たち消費者であること。そのツールとなりえるプロダクトを今後もつくり、お届けしていきたいと思います」（マザーハウスHPより抜粋）

　大事なのはベンチャースピリットです。同時にそのベンチャースピリットをどこかの隅に追いやってしまう状況や構造にはしたくありません。ソーシャル・ビジネスには、まさにベンチャースピリットが宿っているのだと思います。

■ ソーシャル・ビジネスとベンチャースピリット

　ベンチャー企業は和製英語であり、1970年頃から使われはじめました。欧米では、New Venture, New Venture Company, New Business Venture, Small Business Ventureなどと呼ばれています。

　私は1995年にベンチャー企業を「新しい技術、新しい市場の開拓（新製品・新サービスの提供）を志向した企業家精神（創造的で進取

バルーン型組織への転換

バルーン型組織

縦軸：ベンチャースピリット（大〜小）
横軸：企業規模（小〜大）

- ベンチャー企業
- ベンチャースピリットを兼ね備えた大企業
- 普通の中小企業
- 普通の大企業

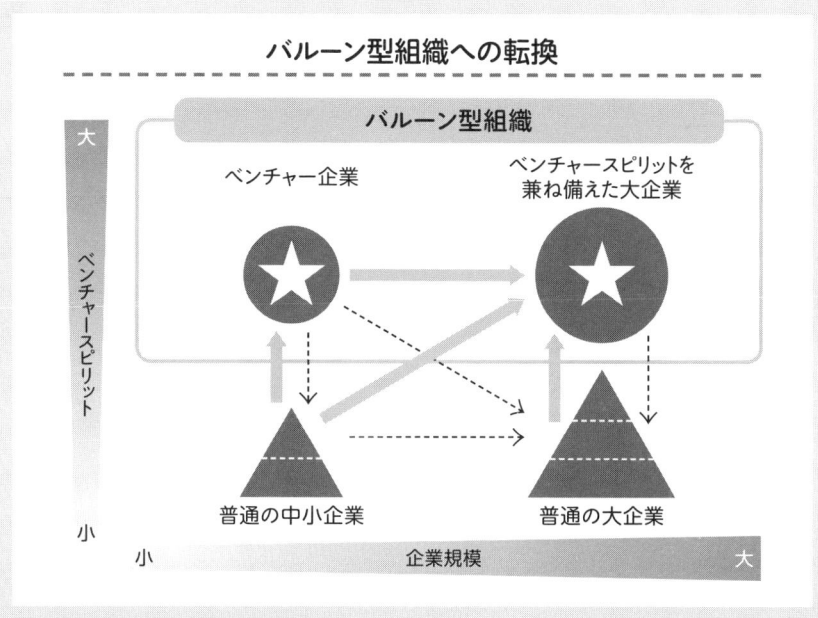

な心をもち、リスクに果敢に挑戦する意欲と責任感・倫理感を持つ心の様相——Entrepreneurship——ベンチャースピリット）に富んだ経営者にリードされる中小企業である」と考えました。

　創業ほやほやの企業だけではなく、たとえば30年、100年の伝統のある中小企業でも、新規性のあるサービス、商品で世の中に貢献している場合はベンチャー企業ととらえました。

　上図は、ベンチャー企業の位置づけと今後、企業が進むべき方向性を示した概念図です。

　縦軸は、先述したベンチャー企業の概念にあるベンチャースピリットの高さの程度であり、高い目標や世の中に貢献しようとするビジョンやミッションをもって経営しているかどうかの尺度です。

　一方、横軸には企業規模の大小を置いています。

　こうして、極めてシンプルですが4つのセルを設けました。

　ベンチャースピリットが低く、企業規模が小さい場合は「普通の中小企業」、企業規模は小さいがベンチャースピリットが高い場合は、

「ベンチャー企業」としました。

同様に、ベンチャースピリットは低いが大企業である場合は、「普通の大企業」、また、大企業でベンチャースピリットを高くもっている企業を「ベンチャースピリットを兼ね備えた大企業」ととらえました。これは、一般的にビジョナリーカンパニー、エクセレント・カンパニー、グレート・カンパニーと呼ばれています。

これからの経営者は、ぜひ太い矢印の方向に組織を誘導してもらいたいと思います。そのゾーンがバルーン型組織であり、ソーシャル・ビジネスのドメイン（事業領域）となります。

バルーン型組織とは、「組織の規模や組織の種類に関係なく、経営者やリーダーがベンチャースピリットをつねに持ち続け、そのビジョン・使命、思想や考え方が組織メンバーに浸透している」グループであり、同時に「業界や社会の多面的な課題（貧困からの脱却、地球環境問題の解決、省エネルギー対策、雇用の創出、高福祉社会の実現など）に貢献していることが広く認知され、つねに高い目標に向かって業務遂行をしている」システムです。

企業組織の典型的スタイルとしてのピラミッド型構造からバルーン型組織への転換が望まれます。

現場主義、地域主義に磨きをかけよう

いまから10年後、注目される企業の大半はソーシャル・ビジネスベンチャー企業（ソーシャルベンチャー）と呼ばれていると思います。

究極の課題は「規模の経済」を品質重視に置き換えていくことであり、それを解決する、あるいは逆手にとるビジネスが展開されると予測されます。

従来、日本の力は品質の高さにあります。生産活動においても連続生産のメリットと柔軟性を維持してマスカスタマイズする技をもっています。

日本の技術やサービスは、ガラパゴス諸島で独自の進化を遂げた動物になぞらえて「日本国内しか通用しない（ガラパゴス）」と揶揄されていますが、これからのソーシャル・ビジネスを射程に入れると、日本型経営モデルが脚光を浴びる日は遠くないような気がします。つまり、日本型経営モデルこそ、ソーシャル・ビジネスの中心になると期待できるのです。
　BOPに代表される貧困層に関わることが、国としても企業としても今後の成長・発展の礎となることを肝に銘じたほうがよいでしょう。
　世界の貧困国は、おそらく日本への期待に胸を膨らませているに違いありません。
　多くの研究者や経営者が論じているように、ODAや政府の役割、慈善事業を否定するものではありませんが、その成果は限定的だと思います。貧困に苦しんでいる人が自立して生活を豊かにするには、ソーシャル・ビジネスの理念が極めて重要になります。
　各機関とソーシャル・ビジネスを推進する企業がコラボレーションすることによって、より実り多い成果が期待できるはずです。
　そのためには日本型経営のお家芸の1つであった「現場主義」「地域主義」にいま一度磨きをかける必要があります。
　そして、「貧困問題に取り組む」という高邁なミッションに目覚め、社会貢献しようとするベンチャースピリットをもつ多くの若者をどのように育成するかが、今後の大きな課題といえるでしょう。

【参考文献】
『ネクストマーケット』C.K.プラハラード（スカイライトコンサルティング訳）　英治出版　2010年
『ソーシャル・エンタープライズ』谷本寛治　編著　中央経済社　2006年
『ソーシャル・ビジネス革命』ムハマド・ユヌス　他（千葉敏生訳）　早川書房　2010年
『ムハマド・ユヌス自伝──貧困なき世界を目指す銀行家』ムハマド・ユヌス　他（猪熊弘子訳）　早川書房　1998年
『逆風を追い風に変えた19人の底力』田原総一郎　青春出版社　2009年
「未来の提言」　NHK番組　2010年1月1日

おわりに

　積年の課題であった加藤先生との著作がやっと完成しました。
　課題、夢ではありましたが、やり始めてみると、一筋縄ではいかず、正直なところ大変往生しました。
　経営学のそれも組織論の加藤先生と仕事術のそれもタイムマネジメント（個人の仕事の処し方）の私の理論が噛み合うということは、永年、個人と組織は相容れないもの、対極にあるものとされている考え方に一石を投じる作業でもありました。
　私のタイムマネジメントは単なる仕事術ではなく、両極併存発想で仕事のしくみをとらえるところにあります。今回、まさしく組織論と仕事術が融合し、両極併存させることができたと考えています。
　各章のおわりにある加藤先生の特別講義のなかで紹介された、経営学の古典ともいえる研究者の理論を、現場のタイムマネジメントの視点で十分に説明できたのではないかと思います。
　この評価は、読者の皆さまに委ねることとしますが、閉塞状態にある世界経済やこの国の行く末にひとつの方向性を示すきっかけにはなったと自負しています。
　本書を契機に、加藤先生をはじめとする組織論の研究者と一緒に、すべての人々が豊かで幸せになれるような素敵な理論と実践方法を開発していきたいものだと決意をあらたにしました。
　組織論と仕事術の融合が本書で実現できた（私はそう確信しています）のは、ひとえに『超タイムマネジメント』（大和出版）以来、私の著作に編集プロダクションとして協力してくださった㈲メディアポートの脇田健一さんのおかげです。深く感謝申し上げます。

また本書の出版は理論の融合だけでなく、出版自体も紆余曲折の末、やっと出版にこぎつけました。転覆しかけた船を救助いただいた㈱白桃書房の大矢栄一郎社長には「ありがとうございました」の気持ちで一杯です。
　それでは、読者の皆さま、続編をご期待ください。

行本明説

この本に関わった人々（敬称略）

プロデューサー……加藤茂夫、行本明説
文章作成……加藤茂夫、行本明説、脇田健一、室田美々、呉 允荷
資料提供……㈱ＮＴＴリゾナント、日本タイムマネジメント普及協会
本文デザイン・図版作成……齋藤知恵子
編集協力……㈲メディアポート
難破船救助……大矢栄一郎
応援団……専修大学経営学部加藤ゼミ・加門会

【著者紹介】

加藤茂夫（かとう　しげお）
専修大学経営学部　教授
主要著書
『心の見える企業―ベンチャー企業とバルーン型組織への誘い（増補版）』（単著）泉文堂，2007年
『ニューリーダーの組織論―企業のダイナミズムを引き出す』（編著）泉文堂，2002年　他多数

行本明説（ゆきもと　あきのぶ）
NPO法人日本タイムマネジメント普及協会　理事長
『セルフマネジメントスキルブック』TBSブリタニカ，1994年の著作にはじまり、国内で13冊、韓国など海外でも数冊翻訳されている。Webでの書籍も展開している。

■ **良い経営者　できる管理職　育つ社員**
　　―ベンチャースピリットで「心の見える企業」をめざす―

■ 発行日──2011年11月16日　初　版　発　行　〈検印省略〉

■ 著　者──加藤茂夫（かとうしげお）・行本明説（ゆきもとあきのぶ）

■ 発行者──大矢栄一郎

■ 発行所──株式会社　白桃書房（はくとうしょぼう）
　　〒101-0021　東京都千代田区外神田5-1-15
　　☎03-3836-4781　📠03-3836-9370　振替00100-4-20192
　　http://www.hakutou.co.jp/

■ 印刷・製本──藤原印刷株式会社

　　© Shigeo Kato & Akinobu Yukimoto 2011
　　Printed in Japan　ISBN978-4-561-22579-9 C3034

本書のコピー、スキャン、デジタル化等の無断複製は著作権法上での例外を除き禁じられています。本書を代行業者等の第三者に依頼してスキャンやデジタル化することは、たとえ個人や家庭内の利用であっても著作権法上認められておりません。

JCOPY ＜㈳出版者著作権管理機構　委託出版物＞
本書の無断複写は著作権法上での例外を除き禁じられています。複写される場合は、そのつど事前に、㈳出版者著作権管理機構（電話 03-3513-6969, FAX 03-3513-6979, e-mail: info@jcopy.or.jp）の許諾を得てください。

落丁本・乱丁本はおとりかえいたします。

好評書

髙梨智弘【著】
知の経営 本体 2381 円
　──透き通った組織

藤野仁三・江藤　学【編著】
標準化ビジネス 本体 2381 円

喜田昌樹【著】
ビジネス・データマイニング入門 本体 2700 円

手島歩三【監修・著】
働く人の心をつなぐ情報技術 本体 2800 円
　──概念データモデルの設計

白木三秀【編著】
チェンジング・チャイナの人的資源管理 本体 2800 円
　──新しい局面を迎えた中国への投資と人事

渡部俊也【編】
東京大学知的資産経営総括寄付講座シリーズ1
ビジネスモデルイノベーション 本体 2500 円

髙橋　潔【著】
人事評価の総合科学 本体 4700 円
　──努力と能力と行動の評価

谷口真美【著】
ダイバシティ・マネジメント 本体 4700 円
　──多様性をいかす組織

進藤美希【著】
インターネットマーケティング 本体 3600 円

───── 東京　白桃書房　神田 ─────

本広告の価格は本体価格です。別途消費税が加算されます。